GUÍA PARA ESCRIBIR CARTAS Y E-MAILS

Beatriz Taberner San Juan

C/ Primavera, 35
Polígono Industrial El Malvar
28500 Arganda del Rey
MADRID-ESPAÑA
www.edimat.es

ISBN: 84-9764-509-X
Depósito legal: M-45410-2006

Colección: Manuales de la lengua española
Título: Guía para escribir cartas y e-mails
Autora: Beatriz Taberner San Juan
Diseño de cubierta: El Ojo del Huracán
Impreso en: Cofás

IMPRESO EN ESPAÑA - *PRINTED IN SPAIN*

ÍNDICE

Capítulo I

Ciertas pautas sobre la escritura

Sintácticamente hablando, el español cuenta con una construcción estándar consistente en ordenar los elementos oracionales del siguiente modo. En primer lugar se coloca el sujeto de la oración y acto seguido el predicado de la misma; igualmente, los complementos verbales suelen tener una disposición más o menos fija: complemento directo, complemento indirecto y complementos circunstanciales. Pero la lengua no es algo matemático, por lo que se admite más de una construcción, pudiendo variar la disposición de los elementos constitutivos de la oración en función de una u otra finalidad.

Generalmente, la alteración del orden habitual se debe a motivos expresivos o estilísticos; con todo, es preciso respetar las normas para no caer en incorrecciones o ambigüedades fruto de una disposición atípica. Al variar la estructura de una oración, debemos saber que la información desconocida, para que se logre una buena comunicación, ha de ir detrás, frente a la ya consabida que se colocaría en primera posición. Así, para decir que un chico le ofreció a su amiga como regalo de cumpleaños un bolso existen distintas posibilidades:

Carlos le regaló un bolso por su cumpleaños.
Por su cumpleaños, Carlos le regaló un bolso.
Carlos, por su cumpleaños, le regaló un bolso.
Un bolso le regaló Carlos por su cumpleaños (...)

Pero si yo sé quién es Carlos y que con motivo de un cumpleaños hizo un regalo, y lo que realmente me interesa es la información nueva (¿qué regaló?) este dato desconocido para mí deberá ir en último lugar: Por su cumpleaños Carlos le regaló un bolso. En cambio, si sé que Carlos regaló un bolso a alguien pero desconozco el motivo, éste irá al final: Carlos le regaló un bolso por su cumpleaños, y así sucesivamente.

Todo escrito, poseedor a su vez de una estructura sintáctica, semántica y comunicativa, debe reunir una serie de propiedades que podríamos, a grandes rasgos, resumir en las siguientes: adecuación, coherencia y cohesión. El primero de estos aspectos a tener en cuenta pretende que el autor de un texto, antes de escribirlo, tenga muy presente cuál va a ser la intención de su escrito, y conforme a ello, deberá enmarcarlo dentro de un tono, una sintaxis y otra serie de factores que se adecuen al objetivo a desarrollar por ese escrito en cuestión.

El siguiente aspecto a tener en cuenta sería la coherencia, es decir, la significación general extraída del texto que, pese a ser el resultado de un todo, está íntimamente relacionado con la disposición de cada una de las partes que lo configuran. Para que un texto sea coherente debe contar con una adecuada disposición de las ideas. En primer lugar, el escrito debe dejar clara la idea principal, que habrá de estar presente a lo largo de todo el texto, y seguidamente deberán ir apareciendo las ideas secundarias distribuidas de forma escalonada. Según Graciela Reyes: Cuando decimos que un texto es coherente, queremos decir que está organizado lógicamente y que podemos interpretarlo. La coherencia es una propiedad básica del texto. Un texto es coherente si:

1. Su estructura significativa tiene organización lógica y tiene armonía sintáctica, semántica y pragmática entre sus partes.
2. Su significado es interpretable porque ayuda al lector a hacer las inferencias necesarias.

En el primer punto se hablaría del texto en sí, mientras que en el segundo se haría referencia a la capacidad de relación que conduce al lector a asociar el texto con otra serie de conocimientos externos. Todo lo dicho puede verse ejemplificado en la siguiente oración:

Me fui a comer, me desperté y puse el despertador.

Sintácticamente es una oración correcta, pero el conocimiento lógico nos dice que algo falla, ya que para comer uno debe haberse despertado primero gracias al despertador colocado la noche anterior, luego para que la citada oración fuera coherente debería haber presentado el siguiente orden lógico:

Me puse el despertador, me desperté y me fui a comer.

Con el fin de garantizar una coherencia textual, Graciela Reyes cita en su libro, *Manual de redacción. Cómo escribir bien en español*, una serie de condiciones que todo texto debe cumplir:

1. El texto debe ser relevante.
2. El texto debe presuponer correctamente la información conocida.
3. El texto debe tener un tema central.
4. El texto debe argumentar de manera adecuada.
5. El texto debe emplear los mecanismos de cohesión necesarios.

Por último, llamamos cohesión a esa ordenación del texto que procura la interdependencia entre los apartados y que se realiza a través de una serie de mecanismos lingüísticos entre los que sobresalen: los conectores textuales (conjunciones y locuciones conjuntivas), las repeticiones (elipsis, sinónimos...) y los pronombres deícticos y anafóricos.

En el libro de Manuel Alvar Ezquerra, *Manual de redacción y estilo*, se muestra un ejemplo en el que dos oraciones construidas con los mismos elementos aparecen ordenadas de manera distinta; el fin de este ejercicio es el de ratificar la importancia de una buena disposición de ideas, así como la unión existente entre ellas. Sin más dilación, pasaremos a mostrar los párrafos anunciados, donde es posible apreciar una mayor coherencia en el segundo de ellos:

La noticia repercutió negativamente en la economía, y en los medios de comunicación no se habló de otra cosa cuando el ministro anunció su dimisión.

Cuando el ministro anunció su dimisión, la noticia repercutió negativamente en la economía, y en los medios políticos no se habló de otra cosa.

A la hora de escribir o de leer un escrito, es de vital importancia tener en cuenta el contexto, pues únicamente ese conjunto de signos reflejados en el papel cobrarán relevancia si tenemos en cuenta una serie de datos, tales como el momento de su producción o su destinatario.

Por ejemplo, si dejamos una nota escrita en la mesa de nuestra hermana que diga «Ayer pesqué un pez gordo», la interpretación es clara; nos fuimos de pesca y el resultado de esa actividad fue la captura de un ejemplar de grandes dimensiones; pero si por el contrario nuestra hermana sabe que ayer no nos fuimos de pesca sino que asistimos a una gran fiesta en la que se daban cita personas de alto poder adquisitivo, la interpretación de la nota varía sustancialmente, pues lo que realmente estamos queriendo decir es que un hombre importante se ha fijado en nosotros. Luego, no es la frase la que varía su significado sino que es el contexto quien le atribuye una u otra interpretación; interpretación que, en definitiva, vendría a ser el resultado de enlazar los significados existentes en el texto con otros extratextuales, es decir, de contextualizar. A continuación insertamos la definición sobre contextualización que aparece en el libro ya citado anteriormente *Manual de redacción. Cómo escribir bien en español* de la señora Reyes: «La contextualización es un proceso que tiene dos aspectos complementarios. El primer proceso consiste en adecuar el texto al entorno comunicativo en el que vamos a emitirlo. El segundo aspecto consiste en crear, mediante el texto mismo, el conjunto de datos, explícitos e implícitos, que permiten a nuestros lectores interpretar lo que decimos o escribimos. De modo que el contexto es en parte preexistente y en parte creado».

Curiosamente, cuando leemos un texto lo clasificamos de manera inconsciente; esto es así porque los escritos enmarcados en un determinado género copian, repiten las estructuras base de esos géneros, esto es conocido como intertextualidad. Por ello, cuando escribimos una carta de pésame lo hacemos siguiendo unas determinadas pautas que nos llevan a incluirlo dentro de las cartas de pésame y no de felicitación o de recomendación. Por el contrario, si utilizamos las claves de forma incorrecta estaremos rompiendo las barreras de la convención del género, por ejemplo, si al final de una carta destinada a una persona desconocida escribimos un besito, habremos errado en el proceso de contextualización.

En un escrito, por muy completo que pudiera parecernos a simple vista, no está explícita toda la información que hace referencia al mismo, ya que el querer hablar detalladamente de una cosa nos llevaría a introducir otra y ese afán por dejarlo todo debidamente explicado desembocaría en un texto infinito, inabarcable. Por ello, todo texto guarda una información implícita que el lector, gracias a su conocimiento del mundo, debe interpretar.

Para ejemplificar lo expuesto, hemos seleccionado un anuncio publicado en un diario de la zona noroeste de Madrid donde se lee lo siguiente.

¿QUIERES DEJAR DE FUMAR?
Lo puedes conseguir por ti mismo.
Te ayudamos a potenciar tus propios recursos internos.
Sesiones de grupo o individuales zona noroeste.

Y a continuación se detalla el nombre de la empresa y los teléfonos de contacto.

A simple vista el anuncio no parece revestir ningún problema de comprensión; si quieres dejar de fumar te ofrece una solución. Pero bajo esta aparente sencillez se ocultan varios significados implícitos. En primer lugar que este anuncio va dirigido a fumadores, en segundo lugar, que esos fumadores deben tener la intención de querer dejar de fumar y en tercer lugar que si se quiere dejar de fumar es por una razón concreta: el tabaco es dañino para la salud, aunque en este anuncio nadie nos habla de las consecuencias perjudiciales que el fumar provoca en nuestro organismo. Así mismo, el hecho de que alguien te ofrezca ayuda para dejar de fumar (por supuesto pagando, información implícita), implica que tal acto no es una tarea fácil, lo que nos conduciría directamente hasta otro dato oculto en el texto; el tabaco crea adición. Pero si estas conclusiones nos parecen evidentes, todavía podemos llegar mucho más lejos, ya que al decir que te ayudan a potenciar tus recursos internos para que dejes de fumar por ti mismo, podemos intuir que si no lo consiguieses, la clínica no se responsabilizaría de tu fracaso. Con este ejemplo lo que hemos pretendido ha sido dejar constancia de la multitud de información implícita que esconden los textos y que nosotros asumimos aunque no nos paremos a reflexionar, como en este caso, sobre ella.

Junto a todo esto, Graciela Reyes cita en su libro una serie de principios comunicativos que todo texto debe poseer para lograr una perfecta comunicación y un correcto uso de las convenciones. Son las siguientes:

1. Dar información pertinente, veraz, suficiente y clara.
2. Respetar las convenciones genéricas para transmitir el estatus y la intención del autor.
3. Ofrecer una evaluación de la información.
4. Prever qué marcos de conocimiento posee el lector.

Pero una composición no puede escribirse a bote pronto sino que es preciso prepararla con antelación; es lo que se llama precomposición y engloba, como comenta G. Reyes, varias fases:

Toma de conciencia: Reflexión sobre el tema y sobre la retórica o manera de comunicar el tema.

Descubrimiento: Exploración en nuestra memoria y toma de apuntes sobre nuestras ideas, más o menos vagas, hasta ir configurando y descubriendo todas las dimensiones de lo que vamos a escribir, y conociendo mejor la función del escrito.

Investigación: Subetapa del proceso de descubrimiento, que consiste en copiar información para el trabajo, consultar libros o personas, organizar experimentos, encuestas, entrevistas, todo lo que haga falta para dominar el tema del escrito y evaluar la importancia o significado.

De todo ese proceso previo a la escritura que acabamos de comentar, el resultado ha de ser un escrito que posea las denominadas cuatro «ces», es decir; claridad, concisión, concreción y cortesía; aspectos que vienen comentados en la obra *El gran libro del Protocolo*, y que su autor, Antonio de Urbina comenta de la siguiente manera:

1. Claridad. Las palabras utilizadas han de ser sencillas y claras.
2. Concisión. Suprimir las palabras y las frases rebuscadas, además de lo que sea superfluo para la eficacia de nuestro pensamiento. Evitar incisos y retrocesos que, a la postre, confunden al lector. Escoger, por último, la palabra adecuada, el término exacto, que mejor refleje nuestra idea.
3. Concreción. Evitar la fórmulas abstractas y el uso de la voz pasiva. Escoger palabras expresivas con la fuerza de la imagen. Las frases han de ser cortas, nunca largas, pues, además de ser más cómodas de leer, evitan la confusión.
4. Cortesía. Jamás olvidemos que la cortesía siempre paga y más aún en el texto escrito, pues lo escrito queda. Si manifestamos

hacia el lector una actitud de respeto, comprensión y simpatía, se reflejará en nuestro vocabulario. El lector lo percibirá poniéndonos, de entrada, un diez, lo que, evidentemente, es eficaz y positivo. Por último, nada de superioridad o condescendencia, pues si ya son insufribles en la expresión oral, peor resultan en la escrita.

Es posible que al leer estos consejos, le hayan resultado familiares, y es que los tres primeros estamos acostumbradísimos a verlos, o al menos así debería de ser, ya que son las pautas básicas que todo texto periodístico debe poseer para llegar de una forma clara y directa al lector; así, por ejemplo, una noticia ha de ser clara, pues va destinada a un público variado, y en este sentido nos referimos tanto a la sencillez del lenguaje como a la disposición sintáctica; concisa en cuanto a la expresión de su contenido y breve. El último punto, la cortesía, entra dentro del campo del tratamiento, aspecto que a la hora de escribir una carta es fundamental, y por ello lo desarrollaremos más adelante.

Pero en una carta no es sólo importante saber redactar correctamente, sino saber condensar la información esencial en pocas palabras; hay que resumir el texto para ahorrar tiempo al receptor, quien ha de averiguar en pocos segundos qué es lo que se le está tratando de decir con el escrito que tiene en sus manos. Para ello, tras haber redactado la carta, es preciso releerla, subrayar lo más importante y volverla a escribir desechando aquellos párrafos vacíos de información. Lo ideal será que el texto quede estructurado en tres partes en función de su contenido: introducción, desarrollo y conclusión. La primera y la última se corresponderían con el saludo y la despedida de la carta y el desarrollo vendría a ser lo conocido como cuerpo de la carta.

Ejercicios

1. Explica por qué estas oraciones son incoherentes:

María llegó a la cima, escaló la montaña y se puso las botas.
El chico comió, fue al supermercado y se preparó la comida.
Puesto que hoy hace frío me voy a comer un helado.

2. Explica qué significados se hallan implícitos en el siguiente anuncio perteneciente a un diario de ámbito nacional:

Esquelas en El DIARIO NACIONAL
Llamando al 91 543 43 43 / 91 544 44 44
Esquelas
EL DIARIO NACIONAL
Telf: 91 456 78 90
Fax: 91 400 00 00
Cobro a domicilio
Consulte tarifa

3. Varía la estructura de la siguiente oración en todas las formas posibles y explica qué pretendes enfatizar con cada una de las nuevas disposiciones.

María ganó 5.000 euros jugando a la lotería.

4. Comenta qué interpretaciones podrían tener estas frases en los diferentes contextos que se te ocurran:

Es un animal.
Me ha tocado la lotería.

Soluciones

1.

Las dos primeras oraciones son incoherentes porque no presentan un orden lógico, es decir, las ideas no están dispuestas de forma coherente aunque posean una correcta disposición sintáctica. Para que las oraciones fueran correctas deberían estar construidas de la siguiente manera: María se puso las botas, escaló la montaña y llegó a la cima. El chico fue al supermercado, se preparó la comida y comió, donde las acciones que se realizan en la oración sí mantienen un orden lógico. En la tercera y última oración tampoco se da una relación lógica, ya que el hecho de que haga frío no implica que nos tengamos que comer un helado sino más bien al contrario, cuando hace frío tomamos cosas calientes para combatir las bajas temperaturas, luego la frase es incoherente al no existir una relación lógica entre sus partes aunque, al igual que en los otros dos casos anteriores, la construcción sintáctica sea correcta.

2.

Este anuncio va dirigido a los familiares de una persona que ha fallecido recientemente ya que son ellos los que publicarán la trágica noticia. Al ser un anuncio, la intención será la de difundir, en todo el ámbito nacional, el fallecimiento de alguien, por lo que los familiares del difunto deben desear, por diferentes motivos, que se conozca la defunción, o bien, únicamente están cumpliendo con los deseos del difunto.

El hecho de que un conocido periódico brinde este servicio implica que tal acción no debe ser barata aunque, con todo, ofrece distintos precios a consultar llamando a los números de teléfono que figuran, luego indudablemente ésta es una manera más de sacar dinero para el periódico, es un negocio del que se benefician tanto los propietarios del periódico como los familiares del fallecido que con el anuncio logran dar, no sólo un último homenaje al fallecido, sino también una amplia difusión del suceso.

3.

María ganó 5.000 euros jugando a la lotería.
5.000 euros ganó María jugando a la lotería.
Jugando a la lotería María ganó 5.000 euros.
María, jugando a la lotería, ganó 5.000 euros.
5.000 euros, jugando a la lotería, ganó María.
Ganó 5.000 euros jugando a la lotería María.

En las dos primeras frases lo que me interesa resaltar es que el premio lo ganó jugando a la lotería, en las dos siguientes lo que se pretende poner de relieve es la cantidad ganada, frente a las dos últimas oraciones donde lo más importante es que fue la persona de María la que ganó el premio.

4.

Es un animal es una frase que podemos emplear en varios contextos, por ejemplo para referirnos a alguien que actúa por instinto, sin pensar, es decir, sin hacer uso de la capacidad que caracteriza al hombre: el razonar. También podemos emplear esta expresión para referirnos a una persona que tiene mucha fuerza, o bien que es muy bruto, que no tiene ninguna delicadeza; y el uso más corriente podría darse en esta situación: Un niño pequeño nos pregunta señalando a un elefante ¿qué es eso? Y nosotros le respondemos: es un animal.

Me ha tocado la lotería es otra frase con varias interpretaciones. La más fácilmente deducible sería la que utiliza la frase en su sentido más directo, alguien juega a este juego de azar y le toca un premio, pero también estaría la interpretación irónica, por ejemplo, que tengas un hijo que te dé problemas en el colegio y para referirte a él digas: ¡No veas que suerte tengo, es un chico estupendo, vamos, que me ha tocado la lotería con él! También esta expresión puede emplearse para querer decir que verdaderamente tienes mucha suerte, por ejemplo, si entras en una empresa estupenda...

Capítulo II

Historia del género epistolar

Atendiendo a su ámbito de uso, los textos presentarían una división específica que, grosso modo, vendría a ser la siguiente: personales, en cuyo haber se encontrarían los diarios, los cuentos, los textos académicos con los conocidos apuntes, exámenes...; laborales, que abarcarían los informes, los proyectos...; literarios, donde encontraríamos poesías, novelas...; y, por último, los dos tipos de texto que son la base fundamental de nuestro libro: los familiares, donde encuadraríamos, por ejemplo, las invitaciones, y los sociales, que englobarían las notas o las cartas. Pero las claves para clasificar un texto son infinitas, verbigracia: según su disposición temática, su nivel lingüístico, su función predominante...

Los textos encuadrados dentro de los conocidos como cartas pueden presentar dos divisiones muy generales; por un lado estarían las cartas de tipo privado y por otro, las públicas; aunque dentro de ambos grupos la variedad es ilimitada, lo que ha llevado a crear multitud de subdivisiones.

Si echamos un vistazo al pasado, podremos comprobar que los restos más antiguos del género epistolar se remontan a cinco milenios a.C., y estas cartas han llegado hasta nuestros días gracias a las tablillas sumerias. En una de esas primeras cartas, redactada en forma de caracteres cuneiformes sobre la tabla de arcilla, se conserva el texto que un joven llamado Iddin Sin escribió a sus padres desde una escuela privada; en él les reprochaba la ínfima calidad de sus ropas en relación a la de sus compañeros. Otra carta conservada es la escrita por Gimil-Marduk a su amada Bihi; fue encontrada en la ciudad babilonia de Sippar y es la primera carta de amor conservada. Dicho texto figura traducido en el volumen I de la *Enciclopedia de la mujer* de la editorial Vergara y dice lo siguiente:

«Schamasch (divinidad solar) y Marduk te concedan para mi amor vivir eternamente. ¿Cómo te va? ¡Escríbeme! He ido a Babilonia y no te he encontrado y esto me llenó de angustia. Envíame noticias y dime cuándo vendrás. Entonces yo seré feliz. Ven en el mes de Marcheswan (noviembre). ¡Que puedas vivir eternamente por mi amor!»

Delimitar el origen concreto de las cartas es algo imposible porque su historia se remonta a muchos siglos atrás, pero lo que sí se conoce con exactitud es el papel tan relevante que este medio de comunicación social ha tenido a lo largo de los siglos. Así, y siguiendo el curso de la historia, se conserva una importante correspondencia egipcia de los siglos XV y XIV a.C. de tema muy variado; desde promesas de amistad hasta notificaciones por escrito de la muerte de algún faraón. Muchas son también las cartas conservadas de griegos y romanos entre las que se hayan escritos tan sencillos como los de los soldados a sus familiares o tan elevados y conocidos como los de César, Cicerón o Alejandro Magno entre otros.

En el mundo cristiano, como se apunta en la enciclopedia ya citada, la carta adquiere una importancia desorbitada pues sobre el año 51 d.C. el apóstol San Pablo le demandó a Timoteo cómo le iba por Tesalónica, y éste hubo de referirle las dificultades que estaba encontrando en aquel lugar a la hora de llevar a cabo la predicación, por lo que Pablo decidió escribir una carta a los tesalónicos con la intención de abrirles los ojos al cristianismo. Esta carta, «Epistula ad Thesalonicenses», se convirtió en el inicio del Nuevo Testamento.

Ya en los siglos XVI y XVII las cartas entre príncipes crecen en número y frecuencia e incluso en páginas; un buen ejemplo de ello serían las numerosas cartas escritas por la princesa Isabel Carlota esposa del duque Felipe de Orleáns.

Pero es a comienzos del siglo XVIII cuando un género tal como la carta comienza a mirarse con otros ojos; esa mirada, hasta entonces inusual, se cierne igualmente sobre el ensayo y el sueño ficticio; aspecto que N. Glendinning ha sabido ver con extrema exactitud, por lo que hemos querido reflejar aquí el texto por él escrito en la obra *El siglo XVIII* que aparece recogida en la *Antología comentada de la literatura española*. Siglo XVIII de Andrés Amorós:

Dos modalidades literarias, estrechamente relacionadas en el siglo XVIII con el periódico, son el ensayo reducido (informativo a veces, otras satírico) y la carta. No se trata, sin embargo, tanto de dos formas creadas por la literatura periodística, como fácilmente asimiladas por ella. Otra modalidad previa a la literatura periodística, pero que llegaría a ser una de las muestras principales de ella a finales del siglo XVIII y comienzos del XIX en España, la constituye el sueño ficticio. (...) Todas estas publicaciones periódicas nutrieron el desarrollo de estas formas de reducidas proporciones, la controversia y la polémica, el seudónimo o anonimato entre los escritores, así como la aparición de rápidos y aun casuales hábitos de lectura entre el público. Los escritores que nutrían de este modo al público lector de estas publicaciones obviamente tenían que tener todo esto muy presente. Se escribieron varias obras en forma de cartas, aun cuando sus autores no pensaran necesariamente en publicarlas en periódicos. Siguiendo los ejemplos de Montesquieu y Goldsmith, Rousseau y Richardson, redactó Cadalso sus *Cartas marruecas*, Meléndez sus *Cartas de Ibrahim*, Mor de Fuentes *La Serafina* y Pablo de Olavide *El evangelio en triunfo o historia de un filósofo desengañado*.

La correspondencia dirigida entre personas a través del tiempo ha versado sobre temas muy diversos bien públicos bien privados. El hombre ha plasmado en las cartas su voluntad y su conocimiento pero sobre todo sus más variados sentimientos.

Hubo un tiempo en el que el color de las cartas tenía una simbología especial: el rosa era el color que los enamorados escogían para cartearse; el azul, el preferido de los amigos; y el de los príncipes no era otro que un exquisito papel enmarcado en una orla dorada. Hoy día, parece que el color ha perdido esa connotación de antaño, y que si escribimos en hojas de color es únicamente por cuestiones estéticas, pero hay ciertos tipos de cartas, como es el caso de los currículos, donde el hecho de escoger un papel de color no es algo estético sino que tiene una función que detallaremos al hablar de este tipo de escritos.

1. Los complementos indispensables para el escrito: sobre y sello

Antiguamente, cuando el hombre empezó a comunicarse por medio de cartas con el formato de la tablilla de cera o el rollo de papiro, las cartas no conocían el sobre sino que se ataban por medio de cordones; pero este complemento era algo más que un simple cordón, pues dependiendo de su color se podía conocer el tono de la carta, es decir; si el cordón era azul la carta que anudaba era amistosa, si por el contrario era rosa el receptor sabía, antes de leerla, que la misiva que tenía entre sus manos era una declaración de amor.

En un primer momento, los cordones venían pegados al texto por medio de tierra cretácea que con el paso del tiempo fue sustituida por la cera sobre la que se colocaba el sello de cuño. Este sello podía variar su color atendiendo al carácter de la carta; así el amarillo se empleaba para las cartas de tipo ordinario, el negro para las de luto y el rojo para las importantes.

Las hojas sobre las que se plasmaban los escritos a pluma eran de gran tamaño, por lo que para facilitar su envío se plegaban reservando la última cara visible para poner la dirección y el destinatario. Con el avance de los tiempos todo se fue modernizando y ya en el siglo XVII apareció el primer sobre conocido en la historia, el cual no era más que una ruda faja de papel dispuesta para envolver y cuidar el escrito. Este nuevo sistema se inició en Francia pero no alcanzaría el formato con el que lo conocemos hoy hasta el siglo XIX en Londres. Pronto se extendió y generalizó por todo el continente y fue también en ese mismo siglo en el que se generalizó de igual manera el sello.

Capítulo III

La carta

La carta, como género social que es, debe cumplir una determinada función, tiene que alcanzar su fin y para ello es preciso conocer y respetar las convenciones que le atañen y que variarán en función del tipo de carta a redactar. Lógicamente dichas convenciones no son algo matemático sino que admiten variaciones fruto de la personalización a la que cada autor somete su misiva; pero si bien la reestructuración está admitida, es preciso mantener el esquema clave, puesto que una modificación desafortunada podría alterar la misión del texto. Graciela Reyes en su libro *Manual de redacción. Cómo escribir en español* lo ha reflejado con las siguientes palabras: Los géneros, que son productos culturales, han codificado las maneras en que se expresan ciertos significados, y por eso provocan expectativas que automáticamente deben cumplirse para lograr la construcción del significado intentado. O expresado de un modo más explícito: Un género es una clase de hechos comunicativos, que suceden en un contexto social, de acuerdo con ciertas normas y convenciones, que se adecuan específicamente a ciertos fines propuestos por una comunidad discursiva, y que tienen ciertos rasgos lingüísticos obligatorios. Los autores para comunicarse a través del texto, deben conocer los atributos de la actividad social en la que van a intervenir, la estructura de la comunidad discursiva en que se insertará su texto, y las convenciones de composición que exige el género.

Para el receptor de una carta es tarea fácil comprender lo que ésta le quiere decir, ya que posee un conocimiento adquirido del género. Al iniciar la lectura asume las convenciones creadas y adivina el fin del escrito; pero si por el contrario la expectativa está contradicha e infringida la norma, debemos sobrentender que con tal acto, el emisor lo que está intentando es que interpretemos esas anomalías o alteraciones.

Supongamos, por ejemplo, que somos los jefes de una empresa que está buscando personal cualificado y experimentado para desarrollar un puesto de trabajo como administrativo, y entre todos los currículos recibidos nos detenemos en uno en el que no figura el apartado de experiencia laboral; como es lógico, de esa ausencia enseguida extraeremos una interpretación; bien que el candidato en cuestión se ha olvidado de poner el susodicho apartado, lo cual es bastante improbable al ser uno de los requisitos principales, o bien que con más o menos picardía el interesado lo haya omitido para no tener que decir que jamás ha trabajado, logrando con ello, si es que la empresa decide llamarle para aclararlo, una primera toma de contacto.

Siempre que escribimos una carta lo hacemos, como venimos diciendo, con una intención determinada, así mismo, la carta al ser un medio de comunicación exige una respuesta que nos asegure que se ha entablado un vínculo comunicativo.

En cualquier tipo de carta deben estar presentes tres reglas recogidas por Graciela Reyes en su obra y que son las siguientes:

Regla 1. Aplique las convenciones que correspondan (encabezamiento, fórmulas de cortesía, diagramación, etc).
Regla 2. Salvo que deba seguir estrictamente fórmulas, asuma su propia voz: despójese de lugares comunes, hable sinceramente, use sus palabras.
Regla 3. Organice el contenido de la carta y seleccione los medios de expresión teniendo en cuenta el propósito de su carta y todo lo que sepa de su destinatario.

Al leer estas reglas, quizá el lector haya notado una cierta contradicción entre ellas, pero no crea que estas contradicciones son fruto del descuido o del error, sino que la autora lo hace de un modo consciente y por ello lo explica de la siguiente manera.

Es evidente que hay una cierta contradicción entre las reglas: usar fórmulas parece contradecirse con hablar sinceramente, y hablar sinceramente con adecuar la expresión al propósito. Estas contradicciones son inherentes al género epistolar, que por un lado intenta representar conversaciones espontáneas y naturales, por otro obligar a usar fórmulas, y por otro se estructura según funciones sociales. Usted debe ser consciente de las tres dimensiones, y saber lograr el equilibrio entre ellas para alcanzar la eficacia epistolar.

1. La carta personal

Una carta personal es aquella que posee un autor claramente explícito, que reivindica su autoría por medio de una firma, y que se dirige a una persona en concreto. Pero dentro de la categoría de las llamadas cartas personales hay un gran abanico de cartas que englobarían: las de tipo privado, es decir, las destinadas a las personas con las que nos unen vínculos de amistad, cariño o sangre; las de carácter profesional, cuyo destinatario será alguien relacionado, generalmente, con el gremio; y, por último, las de tipo comercial, que serían las destinadas a los empleados de una empresa, clientes... A parte de lo comentado, dentro de las cartas personales estarían aquellas que se nos entregan ya redactadas y que debemos rellenar con el fin de llevar a cabo algún trámite burocrático. Estas cartas no ofrecen ninguna dificultad al receptor pues únicamente habría que cumplimentarlas siguiendo las instrucciones indicadas que variarán dependiendo de la institución que la emita.

La carta personal con sus tres divisiones cuenta a su vez con una serie de subdivisiones que Graciela Reyes recoge en su libro y que son las siguientes:

Cartas privadas:

Cartas entre enamorados
Cartas familiares
Cartas de amistad

Cartas profesionales:

A los colegas
A los pacientes
A los discípulos

Cartas comerciales:

Solicitud de informes sobre una empresa
Solicitud de precios
Acuses de recibo
Solicitud de trabajo
Pedidos
Contratos
Currículos
Ofertas
Convocatorias a entrevista

2. Modelos de cartas personales

2.1. Carta privada

Las cartas de tipo privado son las más informales; uno se dirige al receptor con confianza. Cuando escribimos este tipo de carta, debemos tener en mente al destinatario, pues un mismo hecho no se contará de igual manera a dos personas distintas, ya que nuestro conocimiento del receptor nos llevará a expresarlo de forma que busquemos en ellos unas reacciones, unos sentimientos que de sobra sabemos cómo despertar en cada caso.

La relación más o menos estrecha que pueda existir entre las partes (emisor y receptor) hace que la carta no deba seguir estrictamente ningún formato específico; es más, cuando escribimos una carta a un familiar o amigo, parece que falten datos, esto es porque jugamos con una serie de conocimientos implícitos que el destinatario es capaz de desentrañar según va avanzando en la lectura. Fijémonos en el siguiente ejemplo para acreditar lo comentado:

15 de abril de 2003

Querida Laura:

Por fin voy a ir a verte, pero no voy a hacerlo sola, sino que me va a acompañar una persona muy especial, sabes de quién te hablo ¿verdad?

Él no sabe lo de la fiesta. Yo ya he hablado con Carmen para que todo esté listo. Si tienes alguna duda sobre lo que te puse en la otra carta llámala.

Bueno, guapa, pues el viernes a las cinco nos veremos allí.

Un besazo muy fuerte.

Rocío

Como se aprecia, ésta es una carta entre dos amigas, Laura y Rocío. Para nosotros, lectores accidentales de este mensaje, la carta no nos dice nada sino que por el contrario nos llena de incógnitas: ¿quién es esa persona tan especial que va a acompañar a Laura?, ¿de qué fiesta hablan?, ¿qué había escrito en la otra carta?, ¿dónde se van a reencontrar?... Y así podríamos continuar haciéndonos infinidad de preguntas sin encontrar respuesta alguna. Evidentemente esta carta parece la última de una serie de correspondencias mantenidas entre dos o tres amigas, quizá más, en las cuales se han debido de ir dando detalles en torno a la misteriosa fiesta y al amigo. Todo esto nos lleva a la afirmación de la que partíamos, que no era otra que la de la existencia de datos implícitos o sobreentendidos producto de la relación cercana. En cambio, en las cartas privadas o profesionales este hecho no puede darse, pues uno debe asegurarse de que todo esté perfectamente expresado para evitar cualquier fallo o malentendido en la comunicación, no obstante, la carta profesional es bastante más flexible que la comercial, pues al permitir la comunicación entre colegas, el trato puede ser más familiar; no así en la comercial, que como venimos repitiendo, exige un fiel seguimiento de las comunicaciones. Pero centrémonos ahora en las cartas privadas y observemos el siguiente ejemplo:

Hola, Carmen:

¿Cómo estás? Yo la verdad es que no puedo estar mejor. Aquí brilla un sol de justicia y el hotel es increíble. Todos los días, por la mañana, bajamos un ratito a la playa y por la tarde un autobús nos viene a buscar y nos lleva de excursión por los alrededores. ¡Es el mejor viaje de toda mi vida!, nos lo estamos pasando de miedo; es una pena que no hayas podido venir, pero tranquila, porque pensamos repetirlo.

En cuanto vuelva a Madrid te llamo y nos tomamos un cafetito ¿vale? Un besazo enorme y cuídate.

Con mucho cariño, tu amiga Sofía.

El tono de esta carta es bastante desenfadado, claro y directo; muy semejante al de la lengua oral. La autora de la misiva escribe a una amiga para contarle qué tal se lo está pasando durante sus vacaciones, y no se anda con miramientos en la sintaxis sino que escribe lo que piensa, va poniendo las emociones que se le van viniendo a la cabeza, y prueba de ello es la existencia de exclamaciones, interrogaciones, diminutivos, así como del tono afectivo presente a lo largo de todo el escrito.

2.2. Carta profesional

Para ejemplificar este tipo de cartas hemos querido reflejar aquí una misiva recogida en el libro *Cartas a un joven poeta* de Rainer María Rilke y que dice lo siguiente:

PARÍS, 17 DE FEBRERO DE 1903

Distinguido señor mío:

Su carta me ha alcanzado hace sólo pocos días. Quiero darle las gracias por su grande y afectuosa confianza. Apenas puedo hacer otra cosa; no puedo entrar en lo que son estos versos, porque estoy demasiado lejos de toda intención crítica. No hay otra cosa con la que pueda tocarse tan escasamente una obra de arte como con palabras críticas: siempre se va a parar así a malentendidos más o menos felices. Las cosas no son todas tan palpables y decibles como nos querrían hacer creer casi siempre; la mayor parte de los hechos son indecibles, se cumplen en un ámbito que nunca ha hollado una palabra; y lo más indecible de todo son las obras de arte, realidades misteriosas cuya existencia perdura junto a la nuestra que desaparece.

Adelantando esta advertencia, sólo puedo decirle que sus versos no tienen una manera de ser propia, pero sí son callados y escondidos arranques hacia lo personal. Con máxima claridad lo percibo esto en la última poesía, Mi alma. *Ahí algo propio quiere llegar a ser palabra y melodía. Y en la hermosa poesía* A Leopardi *crece quizá una especie de parentesco con aquel gran solitario. A pesar de eso, estos poemas todavía no son nada por sí mismos, nada independiente, ni aun el último y el dedicado* A Leopardi. *La amable carta que usted acompaña no deja de explicarme algunos defectos que noté en la lectura de sus versos, sin poder darle su nombre propio.*

Pregunta usted si sus versos son buenos. Me lo pregunta a mí. Antes ha preguntado a otros. Los envía usted a revistas. Los compara con otros poemas, y se intranquiliza cuando ciertas redacciones rechazan sus intentos. Ahora bien (puesto que usted me ha permitido aconsejarle), le ruego que abandone todo eso. Mire usted hacia fuera, y eso, sobre todo, no debería hacerlo ahora. Nadie puede aconsejarle ni ayudarle, nadie. Hay sólo un único medio. Entre en usted. Examine ese fundamento que usted llama escribir; ponga a prueba si extiende sus raíces hasta el lugar más profundo de su corazón; reconozca si se moriría usted si se le privara de escribir. Esto, sobre todo: pregúntese en la hora más silenciosa de su noche: ¿debo escribir? Excave en sí mismo, en busca de una respuesta profunda. Y si ésta hubiera de ser de asentimiento, si hubiera usted de enfrentarse a esta grave pregunta con un enérgico y sencillo debo, entonces construya su vida según esa necesidad. Su vida, entrando hasta su hora más indiferente y pequeña, debe ser un signo y un testimonio de ese impulso. Entonces, intente, como el primer hombre, decir lo que ve y lo que experimenta y ama y pierde. No escriba poesías de amor; apártese ante todo de esas formas que son demasiado corrientes y habituales: son las más difíciles, porque hace falta una gran fuerza madura para dar algo propio donde se establecen en la multitud tradiciones buenas y, en parte, brillantes. Por eso sálvese de los temas generales y vuélvase a los que le ofrece su propia vida cotidiana: describa melancolías y deseos, los pensamientos fugaces y la fe en alguna belleza; descríbalo todo con sinceridad interior, tranquila, humilde, y use, para expresarlo, las cosas de su ambiente, las imágenes de sus sueños y los objetos de su recuerdo. Si su vida cotidiana le parece pobre, no se queje de ella, quéjese de usted mismo, dígase que no es bastante poeta como para conjurar sus riquezas: pues para los creadores no hay pobreza ni lugar pobre e indiferente. Y aunque estuviera usted en una cárcel cuyas paredes no dejaran llegar a sus sentidos ninguno de los rumores del mundo, ¿no seguiría teniendo siempre su infancia, esa riqueza preciosa, regia, el tesoro de los recuerdos? Vuelva ahí su atención. Intente hacer emerger las sumergidas sensaciones de ese ancho pasado; su personalidad se consolidará, su soledad se ensanchará y se hará una estancia en penumbra, en que se oye pasar de largo, a lo lejos, el estrépito de los demás. Y si de ese giro hacia dentro, de esa sumersión en el mundo propio, brotan versos, no se le ocurrirá a usted preguntar a nadie si son buenos versos. Tampoco hará intentos de interesar a las revistas por esos trabajos, pues verá en ellos su amada propiedad natural, un trozo y una voz de su vida. Una obra de arte es buena cuando brota de la necesidad. En esa índole de su origen está su juicio: no hay otro. Por eso, mi distinguido amigo, no sabría darle más consejo que éste: entrar en sí mismo y examinar las profundidades de que brota su vida: en ese manantial encontrará usted la respuesta a la pregunta de si debe crear. Tómela como suene, sin interpretaciones. Quizá se haga evidente que usted está llamado a ser artista. Entonces, acepte sobre sí ese destino, y sopórtelo, con su carga y su grandeza, sin preguntar por la recompensa que pudiera venir de fuera. Pues el creador debe ser un mundo para sí mismo, y encontrarlo todo en sí y en la naturaleza a que se ha adherido.

Pero quizá, después de ese descenso en sí y en su soledad, deba renunciar a llegar a ser poeta (basta como he dicho, sentir que se podría vivir sin escribir para no deber hacerlo en absoluto). Sin embargo, tampoco entonces habrá sido en vano este viaje que le pido. En cualquier caso, a partir de ahí, su vida encontrará caminos propios, y le deseo que sean buenos, ricos y amplios, mucho más de lo que puedo decir.

¿Qué más he de decirle? Todo me parece subrayado como es debido: para terminar, sólo querría aconsejarle todavía que vaya creciendo tranquilo y serio a través de su evolución: no podría producir un destrozo más violento que mirando afuera y esperando de fuera una respuesta a preguntas a las que sólo puede contestar, acaso, su más íntimo sentir en su hora más silenciosa.

Ha sido para mí una alegría encontrar en su carta el nombre del señor profesor Horacek; conservo hacia ese sabio, tan digno de afecto, un gran respeto y un agradecimiento que dura a través de los años. Si usted quiere, le ruego que le exprese mis sentimientos; es muy bondadoso por su parte que todavía me recuerde, y sé apreciarlo.

Los versos que tan amistosamente me ha confiado se los devuelvo ahora. Y le vuelvo a agradecer la grandeza y la cordialidad de su confianza, de la cual, mediante esta respuesta sincera, dada según mi mejor saber, he tratado de hacerle un poco más digno de lo que, como desconocido, soy realmente.

Con toda cordialidad y simpatía,

Rainer María Rilke

En esta carta, Rainer María Rilke, un poeta consumado, se dirige a su admirador Franz Xaver Kappus, un joven poeta de apenas veinte años que le pide una valoración objetiva de sus esbozos poéticos. La misiva es, pues, una contestación directa a la petición realizada por el joven, y en ella, Rilke abre su corazón al muchacho y le aconseja, si es que realmente quiere llegar a convertirse en un buen poeta, que desee escribir por encima de todo y que los temas que inunden sus composiciones salgan de su interior. Además, le comenta que no debe prestar atención a la opinión que los demás tengan de sus creaciones ni debe pretender difundir sus poemas masivamente sino que por el contrario esas composiciones, fruto de su mirada interior, deben servir para llenar principalmente su espíritu.

Esta carta, escrita en 1903, es la primera de las diez misivas recogidas, que ambos autores se enviaron en el período de tiempo que medió entre los años 1902 – 1907. En esta carta de tipo profesional, se conjuga el carácter objetivo, donde se dan normas para ser un buen poeta, con el carácter subjetivo, expresado fundamentalmente a través de las fórmulas de agradecimiento y de la persona de Horacek, capellán de la Academia militar de Wiener-Neustadt, y vínculo de unión entre ambos escritores. El lenguaje de la carta parece el propio de la lengua oral por la manera en la que el remitente se dirige a su admirador; es como si dialogase con él; le da consejos más o menos técnicos pero no de una manera mecánica e impermeable sino con sentimiento.

2.3. Carta comercial

FORMAMOS Center
CENTRO DE ESTUDIOS
(DESDE 1972)

Madrid, Septiembre 2003

Ref :M/M

Estimado/a amigo/a:

El curso 2003-2004 está próximo a comenzar y éste puede ser un buen momento para tomar una decisión que puede ser trascendente para ti.

En hoja aparte te informo sobre las especialidades más importantes que impartimos, todas ellas de máxima actualidad como podrás ver.

Me agrada también comunicarte que Fformalik cuenta con un departamento ubicado en dependencias propias, cuya única finalidad es la promoción de sus alumnos/as hacia el mundo laboral. Así en el año 2002, y a través de nuestras empresas colaboradoras, pudimos superar los 1.000 contratos de trabajo (entre indefinidos, temporales y por obra y servicio).

Si estás interesado/a en cualquiera de nuestras especialidades, (y dado el número reducido de plazas), ponte en contacto conmigo lo antes posible. Este es un buen momento para tomar una decisión que puede ser trascendental para tu futuro profesional. Estamos en:

Hermosilla, 15 (Metro Serrano) Tlfn: 91 490 00 00

O, si prefieres, envíanos la tarjeta adjunta que no precisa sello.

Recibe nuestro más cordial saludo,

Antonio López Pérez

Entre todas las cartas de tipo comercial se aprecia una gran semejanza formal, lo cual es fruto de la intertextualidad, éste no es un rasgo negativo, pero es preferible evitar la total similitud para no hacer de nuestro escrito uno más; y la manera de lograrlo es aportando un toque personal, aunque teniendo la picardía de que la innovación no sobrepase ciertos cánones obligatorios, pues de ser así habríamos desubicado el escrito, el cual dejaría de encuadrarse dentro de este tipo de cartas. Por otro lado, la función de la carta comercial debe aparecer al principio y claramente explícita para que el lector entienda la finalidad de la misiva con una sola mirada superficial; en cambio, en las personales uno no tiene por qué seguir a rajatabla tales convenciones sino que como son escritos más subjetivos, entrañables, el motivo de la misiva se puede colocar indistintamente en uno u otro lugar, dependiendo de la voluntad del emisor. Así mismo, en las cartas de tipo comercial hay varios rasgos que deben figurar y que son los siguientes:

Uso de la primera persona del plural en lugar de la primera persona del singular, con el fin de dar una mayor relevancia a la voz que habla y que aporta peso a lo reflejado en el papel. Otra opción es que el escrito aparezca de manera impersonal, es decir, que el autor de la misiva se esconda detrás de la tercera persona: se explica... Pero si por el contrario, lo que nos interesa es vender u ofertar algo, la impersonalidad, sin duda, será sustituida por un trato totalmente personal, donde nosotros, como receptores, seremos tratados de tú o de usted, en función de lo que nos quieran vender o del carácter de la carta.

El objetivo que uno debe fijarse antes de comenzar a redactar la carta es el de escribir con naturalidad, con una lengua a caballo entre la oral y la escrita, pero siempre teniendo en cuenta que el lenguaje escogido debe ir acorde con la intención de la carta. A este respecto cabe decir que las cartas privadas tienen un tono más informal y espontáneo que las profesionales, aunque, en el caso de las últimas, esto dependerá de la relación que tengamos con el receptor. Frente a ambas estarían las de tipo comercial con un tono más formal y con mayor presencia de fórmulas preestablecidas; requieren, por tanto, una mayor concisión y claridad.

Toda carta se escribe buscando una respuesta, entablar una comunicación; además, contestar a una carta que acabamos de recibir es una regla fundamental de cortesía a tener muy presente. Si la carta recibida es de tipo privado, a la hora de redactar la contestación es indispensable interesarse por la familia del sujeto al que escribimos, así como dar los apuntes más relevantes sobre nuestra situación actual, tanto en el campo personal como laboral, pero siempre en función de la confianza que tengamos con nuestro interlocutor.

Intentar exponer qué debe escribirse en una carta de este tipo es absurdo ya que hay infinidad de temas en torno a los que podrían girar nuestras cartas, y únicamente nosotros, partiendo de la ventaja que nos brinda el conocer al destinatario, podemos escogerlo. Lo único que sí podemos y debemos aconsejar a la hora de sentarnos a escribir una carta, es el hacerlo de forma sencilla y natural, prescindiendo de las construcciones rebuscadas. La carta ha de ser cercana y debe reflejar nuestro interés por la situación del que será nuestro receptor; lo que no implica necesariamente una carta extensa, pues en un número moderado de líneas se puede transmitir el mismo cariño e interés que en largas cartas sin que falte ningún dato que el destinatario pudiera echar en falta.

Una carta debe ser contestada a los pocos días de haberla recibido, pues así quedará demostrado el cariño que el emisor despierta en nosotros, pero si no se dispone de tiempo o ánimo para redactarla, es preferible dejar pasar el tiempo antes que escribir una carta vacía, sin interés, en suma, una carta que revele estar escrita sin motivación, por compromiso. Ahora bien, en caso de que demoremos la respuesta, en ésta debe figurar una excusa ante tal demora y una puesta al día sobre los hechos que han tenido lugar entre la carta recibida y la escrita por el remitente. Luego ignorar una carta y no redactar respuesta alguna es una falta grave de educación que podría costarnos una relación de amistad; y más si en dicha carta se nos solicitaba un favor. Siempre se debe contestar a los escritos recibidos y en caso de que en la carta se nos pida algo debemos responder tanto afirmativa como negativamente, pero en caso de darse la segunda posibilidad es preciso tener mucho tacto para no ofender al solicitante y justificar nuestra negativa con argumentos y razones de peso.

Si la carta recibida nos hacía una serie de preguntas sobre algo en concreto, es necesario contestar a dichas preguntas, pues siempre serán un buen pie para hilar la comunicación que el emisor quiso iniciar con nosotros.

En todo escrito hay que procurar encontrar la frase que exprese de manera más acertada aquello que queremos decir. Escribir no siempre es fácil, la mayoría de las personas se expresan mejor oralmente que por escrito, pero la escritura tiene una ventaja: nos permite detenernos durante más tiempo en aquello que queremos decir, buscar la palabra adecuada y crear construcciones sintácticas más bellas y perfectas. Escribir es cuestión de práctica, la escritura continuada perfecciona nuestro estilo, el cual se enriquece sustancialmente gracias a la lectura; generalmente quien lee mucho escribe bien.

Capítulo IV

¿Cómo debo dirigirme a los destinatarios de mis cartas?

1. El tratamiento

Dando por supuesto los principios que acabamos de citar en el capítulo anterior, cuando comenzamos a escribir una carta, lo hacemos por el encabezamiento; luego es ya desde este primer punto, aparentemente insignificante, desde donde debemos tener muy claro cuál es nuestro objetivo, porque el elegir una u otra fórmula será crucial. El trato varía y nuestra posición con respecto al receptor también, pues evidentemente no es lo mismo referirse a un destinatario como querido amigo que como estimado señor. Pero antes de abordar este tema, es preciso centrarnos en un término básico y esencial a la hora de escribir una carta; el protocolo, concepto que José Antonio de Urbina en su obra, *El gran libro del protocolo*, ha definido del siguiente modo:

«Aquella disciplina que, con realismo, técnica y arte, determina las estructuras o formas bajo las cuales se desarrolla una actividad humana pluripersonal e importante; con el objeto de su eficaz realización y, en último lugar, de mejorar la convivencia». Acto seguido cita otra definición algo menos compleja que dice lo siguiente: «Protocolo es aquella actividad determinadora de las formas bajo las cuales han de llevarse a cabo, del mejor modo posible, las relaciones del ser humano con sus semejantes». Pero como el protocolo no deja de ser un acto realizado en o para la sociedad, Urbina perfila algo más las definiciones anteriores al puntualizar qué se entiende por el protocolo social: «es el conjunto de costumbres, usos y reglas que, a tenor de los cambios de la sociedad, regulan el comportamiento y las relaciones humanas para mejorar la calidad y la eficacia de nuestra acción personal, y, en último lugar, nuestra convivencia con los demás».

Una vez leídas estas definiciones, llegamos a la conclusión de que el protocolo contempla una determinada forma de tratamiento dependiendo de la persona a la cual deseemos dirigirnos. Según De Urbina, el tratamiento es «El modo de tratar a las personas, preámbulo o título de cortesía hablado o escrito, de respeto o afecto a las personas con las que nos comunicamos o relacionamos, consecuencia de su categoría social o profesional, titulación, honores, cargo, edad, sexo, cualidades o circunstancia». Por su parte la RAE lo ha visto de la siguiente manera: «Los fenómenos de cambio y sustitución de personas gramaticales no presentan siempre el mismo carácter». (...) A estas diferencias y a la variedad de sistemas que ellas suponen alude el término de tratamiento, en su acepción más restringida y gramatical, con que se las designa.

Con el fin de ampliar un poco más este asunto, hemos querido reflejar aquí los distintos tratamientos escritos en España, que Antonio de Urbina muestra en su libro *El gran libro del protocolo* y que son los siguientes:

1. Excelencia, sus excelencias; empleado para los jefes de Estado y sus respectivos cónyuges.

2. Excelentísimo Señor / Señora (Excmo. Sr./Sra.), que haría referencia al Poder Ejecutivo, al Poder Legislativo, al Tribunal Constitucional, al Poder Judicial, al Consejo de Estado, al Tribunal de Cuentas, a las Comunidades Autónomas y a otra serie de autoridades y personalidades como presidentes y académicos de las Reales Academias centrales del Estado, rectores de universidades... Luego presidentes y ex presidentes del Gobierno, ministros y ex ministros, presidentes de los Gobiernos autonómicos, secretarios de Estado, gobernadores Civiles, presidentes y vicepresidentes del Poder Judicial, embajadores y alcaldes de Madrid y Barcelona recibirán este tratamiento.

3. Ilustrísimo Señor/ Señora (Ilmo. Sr/ Sra); referido a las autoridades y personalidades. Bajo este tratamiento encuadramos, entre otros, a los presidentes de Diputaciones, alcaldes de capitales de provincia, delegados de Hacienda, diputados, senadores...

A todo esto, habría que sumar el distinto tratamiento otorgado según los diferentes grados existentes en las fuerzas armadas o en la carrera diplomática, tal y como puntualiza De Urbina en su libro.

Pero adentrémonos un poco más en los tratamientos y conozcamos los más usados en la sociedad. Los reyes son tratados como Majestad o bien Señor/Señora. Por su parte los príncipes e infantes son tratados como Alteza o Alteza Real, aunque también cabe la posibilidad de referirse a ellos como Señor/Señora. Así mismo, los jefes de Estado y sus cónyuges se tratarían de Excelencia.

Al margen de los tratamientos ya comentados, también existe el de Señoría para los procuradores en cortes, jueces de primera instancia...

Bajando un peldaño en la escala de los tratamientos nos encontramos con el Don y el Doña para referirse a personas sin ningún cargo institucional; por lo que pueden emplearse sin reparos para las personas de avanzada edad o, como se hacía antiguamente, para las personas con un título académico. Van delante de los nombres de pila: Don Antonio Moreno.

Otra forma de tratamiento, quizá el más usado en nuestra vida cotidiana de los comentados hasta ahora, es el de Señor, Señora o Señorita que se coloca delante de los apellidos: Sr. Gómez. Principalmente el escoger entre Señora o Señorita dependerá de la edad de la mujer a la que nos refiramos pero no exclusivamente porque una mujer casada, por muy joven que sea, puede tratarse de Señora sin caer en un error y, perfectamente, una mujer soltera de edad más o menos avanzada se le puede llamar Señorita. Aunque si se duda uno siempre puede recurrir al Doña y zanjar así el problema.

Combinar el Don o Doña con el Señor o Señora está permitido, por lo que tratamientos tales como el de Sra. Dña. Laura Pérez, están permitidos.

Las abreviaturas referidas a los tratamientos protocolarios siempre deben ir escritas en mayúscula al igual que los nombres genéricos correspondientes a los cargos oficiales cuando éstos son usados de forma protocolaria, pero no así en el interior de una frase: Ayer vi un programa de televisión donde salía el presidente del Gobierno.

2. El tratamiento: tú/vos y usted

Según la Real Academia Española de la Lengua: La duplicidad de sistemas para designar un solo destinatario surge tardíamente en Roma, hacia el siglo III d.C., con la adopción del plural vos, como forma especial de respeto, en contraste con el singular tu. Este vos pasó a las lenguas romances con varios destinos. (...) Acabó desapareciendo de la lengua en el español peninsular y de Canarias y en portugués. (...) El avance del tratamiento con terceras personas y la expansión de vuestra merced y sus variantes a partir del siglo XVI, casi equiparó el tú y el vos para el trato de confianza. En España y gran parte de América se impuso el tú, dejando fuera de curso el vos y las segundas personas gramaticales de plural para un solo interlocutor (...). La desaparición de vos como forma coloquial quedó consumada probablemente hacia fines del siglo XVIII, con la excepción de algunas zonas dialectales del leonés. (...) El tratamiento vuestra merced o vuessa merced logró, en cambio, gran difusión convirtiendo a vos en fórmula no respetuosa, y lo recibieron, o se lo arrogaron, todos aquellos que no estaban en posesión de títulos nobiliarios, cargos o preeminencias.

La frecuencia de uso explica tal vez la reducción de vuestra merced a usted.

Con respecto a la utilización actualmente del tú y del usted hay mucha polémica; la Real Academia en el *Esbozo de una nueva gramática de la lengua española* apuntaba lo siguiente: En el trato general, el tú es la forma en que se expresa la intimidad, el amor y la ternura. Por eso a todos los niños, y a veces a los adolescentes, los mayores los tratan de tú. Sin ir necesariamente asociado a estos sentimientos, el tratamiento de tu tiene un extenso uso en español. Es el lenguaje no solamente de la amistad y de la familia, sino también de la camaradería y se extiende a muchas situaciones en que se arrastran y conllevan idénticos riesgos, trabajos y afanes (universidades, cuarteles, centros fabriles, etc.). Hay por otra parte, un tú popular, que rebasa estos límites, pero también un tú aristocrático y de buen tono. El tratamiento con usted, una pieza importante todavía en la vida de relación española, ha sufrido algunos retrocesos en lo que va de siglo. Lo ha desalojado en ocasiones, por ejemplo, un tú de matiz político. Los jóvenes de sexo diferente hoy se tutean con mucha más holgura que hace medio siglo, en todas las ocasiones más o menos pasajeras que se presenten. Las mujeres sin íntima amistad se tutean y se han tuteado con más facilidad que los hombres. Se ha atenuado bastante la costumbre antigua de que el niño y el adolescente y hasta el hombre maduro hablen a sus padres y abuela de usted, costumbre que hoy subsiste de manera parcial, aunque posiblemente solo en el campo y en sectores del mundo obrero en la ciudad. Como contrapartida, tiende a suprimirse el hábito arraigado de tratar de tú (si reciprocidad) a los sirvientes domésticos y a cualquier persona que preste un servicio manual (camareros, peluqueros, etc.). El tú es solo recíproco cuando las ayas o sirvientes han conocido a sus señores desde que eran pequeños. Una vez repasado lo que la RAE comenta sobre la supremacía del tu frente a usted, se nos plantea un problema: ¿cuándo debo tratar a alguien de tú y cuándo de usted? Ciertamente éste es un asunto complicado, pero Antonio de Urbina en su libro *El gran libro del protocolo* nos da algunas pautas a tener en cuenta.

Con respecto al usted, De Urbina comenta que al ser la expresión general de respeto a las personas, debe usarse como primer escalón de tratamiento. Y a continuación cita una serie de casos en los que el uso del usted es obligado:

1. Al conocer, con o sin previa presentación, a personas que no conocíamos, o al entrar en contacto con ellas, sean o no de nuestro nivel. Pero, en especial, si tienen más edad o nivel que nosotros.
2. A los superiores, jefes o personas de superior categoría.
3. A los de igual o parecido nivel, pertenecientes a una estructura diversa de la nuestra y que no conocemos. Por ejemplo, un director general llamando por teléfono a otro, a quien no conoce, de otro ministerio, estructura o empresa.
4. A los de nivel inferior. Por ejemplo, una secretaria.
5. A las personas que por su categoría o trabajo no pueden tutearnos. Ejemplo, nuestro chófer, un camarero o barman, etcétera.

Según De Urbina, siempre hay que dirigirse a una persona con usted, y después, cuando ya se tenga una confianza suficiente pasar al tú. Cuántas veces, al habernos dirigido a una persona llamándola de usted nos habrá dicho «por favor, tutéame que me siento viejo», pero se debe correr el riesgo porque si a una persona que espera por nuestra parte una trato de respeto la tuteamos, podrá sentirse molesta; por lo que siempre es mejor comenzar con un trato de respeto, y si el deseo de nuestro interlocutor es que le tratemos de tú, siempre habrá tiempo para rectificar. Según la RAE, una ley constante, en el uso de tú, es que todos los tratamientos de cortesía y de respeto impuestos por consideraciones o exigencias sociales desaparecen con ellas. Luego es preciso atender a las normas de uso que Antonio de Urbina nos presenta con respecto al tú y que completan lo apuntado en torno al usted.

1. A las personas del grupo 1, cuando establezcamos un vínculo de amistad o de intimidad que permita el tuteo. El uso del tú lo podemos iniciar nosotros o esa persona, pero el baremo es siempre el mismo, el suficiente conocimiento mutuo y la amistad que nace del mismo.
2. A las personas del grupo 2 la tercera vez que nos lo digan. (...) Estas reglas del tuteo no son aplicables a la profesión militar que posee sus propias reglas.
3. En el grupo 3 es natural que al conocerse pasen en breve al tuteo, siempre y cuando ambas personas lo acepten.
4. En el grupo 4, ejemplo de la secretaria, el uso del tú no es aconsejable, porque podemos ponerla en situación embarazosa y, a la postre, puede perjudicar a la disciplina y autoridad, esenciales en cualquier estructura.
5. Tutear a la gente del grupo 5 tampoco es aconsejable. Hemos de comprender que al no poder tutearnos ellos, el hacerlo nosotros supone una falta de respeto y de consideración; y toda persona merece consideración y respeto, sea lo que sea, haga lo que haga, y esté donde esté. A este respecto, tenemos todavía la costumbre feudal de tuteo a este colectivo.

Pero si bien el inicio o encabezamiento de la carta es importante, no lo es menos el desarrollo de la misma, para lo cual deberemos tener una clara conciencia de la distribución que hemos de darle a la información; es decir, es preciso saber qué decir, cómo decirlo y en qué orden, puesto que en lenguaje escrito emisor y receptor no están en contacto directo sino que generalmente les separa una barrera temporal y espacial, barrera que debe derribar la misiva gracias a una correcta estructuración en todos los aspectos capaz de cubrir la necesidad para la que ha sido redactada; y este asunto es el que nos va a ocupar en los sucesivos capítulos del libro.

Capítulo V

Partes de que consta una carta

En una carta podemos encontrar las siguientes partes:

1. Membrete

Según el Diccionario de la lengua española de la RAE, el membrete vendría a ser el nombre o título de una persona, oficina o corporación, estampado en la parte superior del papel de escribir. Como se puede apreciar, esta definición es bastante visual, pero junto a los datos citados cabría mencionar que en el membrete suele aparecer también el número de teléfono y fax de la empresa en cuestión, su dirección y, teniendo en cuenta los nuevos avances tecnológicos, su correo electrónico y su página web si la tuvieran. La definición sacada del Diccionario nos dice que el membrete se sitúa en la parte superior, pero debemos concretar este dato, puntualizando que se coloca exactamente, bien en el margen superior izquierdo, que es lo más normal, bien en el centro de la hoja.

2. Fecha

En las cartas privadas, frente a las profesionales y comerciales, no suele haber membrete por lo que únicamente se escribe el lugar desde el que se redacta la carta y a continuación la fecha o solamente la fecha. El lugar más propicio para colocar tales datos será el margen superior derecho de el papel y la manera de expresarlo es la siguiente: Madrid, 23 de diciembre de 2003. Puede que estén acostumbrados a escribir la fecha entre barras y utilizando abreviaturas para el mes y el año (23/XII/03), esto no estaría del todo mal, pero lo realmente correcto es lo expresado en primer lugar. En el caso de que nuestra carta tuviera membrete, el lugar y la fecha se seguiría poniendo en el ángulo superior derecho pero siempre procurando que quedase por debajo del membrete. Si el membrete tuviera ya expresado el lugar de emisión, como será lo normal, no es preciso repetirlo de nuevo sino que bastará con poner únicamente la fecha en el lado derecho según hemos explicado.

3. Destinatario

En una carta privada éste aparece únicamente mencionado de forma detallada en el sobre de la misma; pero si por el contrario la carta es de tipo profesional o comercial el destinatario de la misma habrá de figurar justo debajo del lugar y de la fecha o únicamente de la fecha aunque en el margen izquierdo. No bastará con indicar el nombre y la abreviatura de su cargo o título, sino que será necesario explicitar todos los datos posibles: dirección, código postal, ciudad y país. Ejemplo:

Sr. Antonio López,
Director Comercial,
Maspin, S.A.,
C/ Murcia,
28230 Las Rozas,
Madrid

O bien tal y como se muestra en este otro ejemplo:

Madrid, 20 de marzo de 2003

Prof. Claudia Sliwinska
Rouscin 56
48-300 NYSA
Polonia.

La única diferencia entre ambas es la presencia o no de comas al final de cada frase. Sobre el título a plasmar en el destinatario, es preferible elegir uno o dos, generalmente aquel o aquellos que designen el cargo más elevado, pues si acumulamos demasiados títulos o cargos lo único que habremos conseguido será el haber creado una imagen recargada e innecesaria. Así podemos poner:

Dra. Dª Lucrecia Pérez (Doctora Doña Lucrecia Pérez), o bien, en vez de su cargo podemos poner: Sra. Dª Lucrecia Pérez (Señora Doña Lucrecia Pérez). Esta última fórmula es la manera más genérica y elegante para dirigirse a alguien, aunque como hemos dicho podemos utilizar una sola fórmula que explicite la profesión: Dra. (Doctora) Lucrecia Pérez, o bien, Sra. (Señora) Lucrecia Pérez.

4. Referencia

Únicamente aparecerá explícita en las cartas de tipo comercial; se coloca justo debajo del destinatario de la siguiente manera:

Ref: encargo de material electrónico.

5. Saludo

Toda carta ha de comenzar por una fórmula inicial seguida de dos puntos; por ejemplo: Querido amigo:, Estimado Profesor Pérez Ramos:, Distinguido Doctor Martín:... Como se puede apreciar, los adjetivos querido, estimado o distinguido no expresan unos verdaderos sentimientos de amistad, son más bien expresiones formales; luego indudablemente se reservarán para cartas comerciales y profesionales; por el contrario, si estos adjetivos van seguidos de un nombre de pila, el tono cambia para convertirse en una expresión afectuosa, cercana. Es precisamente aquí, en el saludo inicial, donde el tratamiento cobra una importancia insospechada, (por ello, es preciso tener muy presente lo expuesto en el capítulo destinado al tratamiento), el éxito de nuestra carta tendrá que ver, en gran medida, con la manera en la que nos dirijamos al receptor, por lo que es preciso razonar adecuadamente sobre el tratamiento que vamos a darle; y si dudamos siempre es preferible otorgarle un tratamiento superior que quedarnos cortos pues podríamos ofender al destinatario y de poco servirían las palabras precedentes. En el saludo hay que evitar cualquier abreviatura, cada palabra debe ir escrita en su totalidad.

6. Cuerpo de la carta

Es el desarrollo de la misma y como hemos comentado en reiteradas ocasiones, debe ir expresada en función de lo que se desee conseguir.

7. Despedida

Este apartado debe ir en consonancia con el saludo; el trato ha de ser el mismo. Según comenta Graciela Reyes, en las cartas familiares y privadas valdrá todo: un beso, un abrazo... Mientras que en las profesionales y comerciales, las fórmulas más corrientes serán:

Un cordial saludo, Cordiales saludos, Reciba un cordial saludo, Afectuosos saludos, Cordialmente, Atentamente, Sinceramente, Respetuosamente...

En las cartas profesionales y comerciales, antes de la firma hay una antefirma, es decir se pone el cargo, nombre y apellidos del remitente y debajo la firma. En las cartas familiares se pone al final tu nombre completo o el apodo con el que suelen llamarte, pues como ya hemos comentado lo que prima es el carácter informal.

8. Posdatas, anexos e iniciales

La posdata, si es que decide incluirla, ha de ir inmediatamente después de la firma y el proceso a seguir es el siguiente: Se pondrá P.D. y el texto deseado, o bien P.S. La posdata sirve para mencionar algo que se nos había olvidado escribir en el cuerpo de la carta, o por el contrario, para resaltar algún aspecto ya mencionado. En las cartas comerciales es preferible evitarlas ya que dichas cartas no deben ser fruto de la espontaneidad y por tanto no debe haber lugar para un descuido en forma de posdata; en cambio, en las cartas privadas no sólo están permitidas sino que muchas veces su contenido es más bello que el de la totalidad de la carta y cobraría una significación totalmente distinta a la que tiene en la carta comercial, pues simbolizaría el negarse a concluir la comunicación, el mostrar al lector que todavía quedan muchas cosas que decir incluso después de haberse despedido.

Los anexos o adjuntos son una serie de documentos que en caso de existir van precediendo a la carta comercial o profesional.

Las iniciales suelen aparecer, igualmente, en las cartas profesionales o comerciales. Si se corresponden con el autor de la carta, van en mayúsculas, si son las que hacen referencia a la secretaria irán en minúscula.

De todas las partes anteriormente citadas, hay unas que deben figurar siempre en el escrito y otras que dependerán del tipo de carta a redactar. Así que los puntos a incluir en toda carta, sea del tipo que sea, son: lugar, fecha, saludo, cuerpo de la carta, despedida y firma.

La carta privada es la más sencilla pues únicamente debe poseer los puntos básicos que acabamos de citar. En cuanto a su presentación, solo parece relevante señalar que el sangrado de los párrafos debe colocarse aproximadamente a la misma altura que los dos puntos colocados en el saludo inicial y que la despedida debe ir alineada con la fecha de emisión de la carta. Véase el ejemplo:

Madrid, 22 de diciembre de 2003

Querida Elisa:

En primer lugar quisiera agradecerte de todo corazón la hermosísima carta que nos has enviado, da gusto verte con esa ilusión y esas ganas de vivir.

Por aquí todo sigue igual, parece que no ha pasado el tiempo; salvo por el peso de los años que ya los voy notando en mis piernas y en mi espalda. María y los niños están bien y Pablo continúa tan gruñón como siempre.

Este año, la Nochebuena y la Navidad la pasaremos en casa de mi hermano, y el Fin de Año con la familia de Carlos; ¿qué vas a hacer tú?

Por aquí te echamos muchísimo de menos, a ver si a principios de año vamos a hacerte una visita. Te deseo unas felices fiestas.

Con todo mi cariño.

Sofía

El tono de esta carta es totalmente familiar, se puede apreciar fácilmente el cariño que se profesan ambas personas, cuya amistad, según lo que se desprende de la lectura, se remonta a varios años atrás. Ésta es una pequeña muestra de carta privada pero más adelante nos detendremos en mostrar y comentar varios de los posibles tipos.

Una vez visto el modelo de presentación de la carta privada, es necesario continuar con la disposición de la comercial que, según explica Graciela Reyes, puede presentar tres tipos distintos de diagramación:

El primero de ellos presentaría en la parte superior y central de la hoja el membrete, justo debajo pero en el lado izquierdo se colocaría la fecha, bajo ésta pero en el margen opuesto aparecería el destinatario, la referencia, y el saludo. Tras este preámbulo se redactaría el cuerpo de la carta y como colofón final, el margen inferior derecho se pondría la despedida, la antefirma y la firma y por último, anotados estos datos, en el lado izquierdo los anexos y las iniciales; luego quedaría así:

MEMBRETE

FECHA

DESTINATARIO
REFERENCIA
SALUDO

CUERPO DE LA CARTA

DESPEDIDA
ANTEFIRMA
FIRMA

ANEXOS
INICIALES

La otra posibilidad sería la de que la despedida, antefirma y firma no fuesen exactamente alineados con la fecha, sino un poco más hacia la izquierda. Por el contrario, la última posibilidad comprendería la colocación de todos los datos en el margen izquierdo, pero sin olvidar su orden normal de aparición: membrete, fecha, destinatario, referencia, saludo, despedida, antefirma, firma, anexos e iniciales; el cuerpo de la carta aparecería en el centro, entre el saludo y la despedida, igual que en las anteriores muestras. Véanse los ejemplos de dos cartas, donde la segunda será una contestación a la primera de las redactadas:

OLIVA S.A.

6 de marzo de 2003

Calle del Camino, 9
23001 Jaén
España

Distinguidos señores:

Con miras a la próxima producción nos interesaría conocer, lo antes posible, la situación en la que se encuentra ese mercado con respecto a la aceituna; por lo que le rogamos encarecidamente nos envíe su última cotización.

Sin otro particular, reciban ustedes un cordial saludo

Francisco Reyes
Director Comercial

COINSA S.A.

18 de marzo de 2003

Calle Virgen del Rocío, 14
41310 Brenes (Sevilla)
España

Muy señores míos:

En respuesta a su atenta carta del 6 de marzo, nos complace adjuntarles el estado de situación en el mercado de la aceituna durante la última producción.

Observarán ustedes que la cotización de la aceituna se mantiene firme con tendencia a la subida, por lo que es aconsejable su compra inmediata.

Siempre a su disposición les saluda atentamente,

Juan García
Director General

Capítulo VI

Notas adicionales al escrito

1. El correo

Todas las personas utilizan, con bastante frecuencia, en su vida cotidiana la palabra correo, pero ¿nos hemos parado a pensar qué significa? En realidad, el correo es el servicio público creado para transportar cartas, tarjetas postales... y demás objetos franqueados, desde un lugar de origen hasta otro de destino; desde un emisor hasta un receptor.

El encargado de organizar y hacer funcionar este servicio es el Estado. Pero las cartas pueden cubrir únicamente el ámbito nacional, o bien, extender su difusión internacionalmente; luego, en este último caso, el correo se hallará regulado mediante los convenios de la Unión Postal Universal.

Por el contrario, si utilizamos el plural de la palabra correo, obtendremos otro significado; no el del objeto en sí, es decir, el conjunto de cartas o pliegos que se envían o reciben, según la definición del Diccionario Ideológico de la Lengua, sino la casa donde se recibe y se da la correspondencia.

Al correo que se envía se le llama saliente, y al que se recibe se le califica como entrante; pero ambos, de un modo más genérico, se encuadrarían dentro del término correspondencia.

El Estado, a cambio de realizar este servicio de correspondencia, recibe una contraprestación económica conocida como franqueo, la cual se abona por medio de los conocidos sellos, donde el emisor paga un importe diferente en función del lugar al que vaya destinado su correo.

2. Cartas en el ordenador y a mano

Actualmente, los procedimientos de que disponemos para escribir son muy diversos. Así, un texto puede presentarse mecanografiado, de forma manuscrita o bien confeccionado a través de un procesador de textos en el ordenador. La elección de una u otra forma de presentación irá en función de una determinada finalidad comunicativa.

La escritura a mano es el primer sistema empleado por el hombre; es, por tanto, el primer contacto con la escritura, y conocer la lengua escrita es algo imprescindible en lo que a la difusión de la cultura se refiere y por consiguiente en el acto comunicativo. En el aprendizaje de la escritura están comprendidos aspectos tan básicos como la caligrafía, los márgenes, las mayúsculas... y por mucho que avance la tecnología hay ciertos tipos de textos que se escriben o deben escribirse a mano, como por ejemplo, unos apuntes, un examen o una carta personal.

Una carta escrita de nuestro puño y letra es más personal y cercana. Si por algún motivo, como el de abreviar tiempo, se escribiera en el ordenador, no estaría de más incluir algo a mano como nuestra firma o alguna frase que podríamos incluir en la posdata. Las cartas privadas en general, y fundamentalmente las de pésame o felicitación, deben escribirse a mano; hay otras, como las de invitación a una boda, que está estipulado que vayan a máquina.

En referencia a la carta manuscrita no hay ni que decir que la letra debe ser cuidada y legible. Lo bello de la letra es que siempre dirá algo de la persona que la escribe, será un rasgo de su personalidad.

Por otro lado, el ordenador nos brinda la posibilidad de escribir de una forma más cómoda pues nos permite transformar un texto añadiendo datos, cambiando párrafos de sitio... y todo ello de una forma limpia, sin necesidad de tachar o de vernos obligados a copiar el fragmento de nuevo.

Para ayudarnos a escribir una carta contamos con los asistentes de Word; para poder hacer uso de ellos tan sólo debemos seleccionar «Archivo/Nuevo» y, acto seguido, deberemos elegir, atendiendo al cuadro de diálogo que se nos presente en la pantalla, la ficha de aquel documento que nos interese: general, cartas y faxes, informes, memorandos, otros documentos, páginas web o publicaciones. Así, por ejemplo, en caso de seleccionar «Otros documentos», en nuestra pantalla aparecerán una serie de documentos que, bajo el epígrafe de asistente para currículos, asistente para agendas o asistente para calendarios, nos brindan una serie de plantillas o herramientas para ayudarnos a elaborar, de forma rápida y cómoda, este tipo de textos. Para ello, es preciso presionar dos veces sobre el icono escogido; una vez abierto, tendremos que pulsar «Siguiente» para lograr movernos por ese asistente, y este paso nos conducirá de inmediato a varias opciones.

Imaginemos por un instante que el asistente que hemos seleccionado ha sido el de los currículos, las opciones entre las que tendremos que escoger serán: currículo profesional, moderno o elegante. Dentro del tipo seleccionado iremos rellenando todos los huecos, y lo más importante, transformando el currículo elegido a nuestras necesidades pues, como recalcaremos a lo largo de todo el libro, hay que personalizar los escritos. Una vez concluido, daremos a la tecla de «Terminar» y obtendremos el texto deseado completamente adaptado a nuestros intereses.

En la ficha «Otros documentos» del diálogo «Nuevo» que hemos mencionado aparece un asistente de Office 2000 que nos permite elegir formato, con lo que nos ayudará a transformar archivos que, por ejemplo, no sean de Word a este formato o a muchos otros.

3. El papel

Debemos cuidar la presentación tanto o más que el contenido de la carta. Imaginemos que recibimos una carta de cualquier tipo en un papel sucio y arrugado; indudablemente esa carta nos causará una terrible impresión, y aunque contenga un texto formidable no podremos dejar de mirarla con malos ojos y restando valor a su contenido. Una carta escrita sobre un papel descuidado es casi tan terrible como otra plagada de faltas de ortografía.

El color preferible para escribir es el blanco, ya no se usan apenas otros colores salvo el que tienen los papeles reciclados, el crema o el marfil, y éstos últimos en contadas ocasiones. Así mismo, la costumbre que seguían antiguamente las mujeres de perfumar las cartas también se ha perdido aunque puede que, esporádicamente, alguien quiera complementar su texto con el toque personal que brinda el olor del perfume escogido para identificarse, sobre todo si hablamos de una carta de amor, pero es raro.

Al doblar la carta, debe procurarse que el encabezamiento sea la parte de la misma que aparezca en primer término, para que el receptor, desde el primer momento en que abra la misiva, pueda empezar a leerla en su correcto orden.

4. Los sobres

Con respecto a los sobres, se usan masivamente los de disposición alargada donde el ancho de la carta tiene la misma dimensión que el ancho del sobre. Para guardarla en éste se suele plegar en tres partes procurando que el escrito quede en el interior. En la cara principal se escribirá el nombre, los apellidos y la dirección del destinatario (calle, número, piso, letra, código postal, pueblo, ciudad, país...), y en la cara posterior, es decir en el remite, colocaremos nuestros datos como emisores de la carta para que en caso de haber algún problema en la dirección del destinatario, nos pueda ser devuelta.

5. El sello

Sobre el sello, comentar que todas las cartas deben llevarlo para poder ser enviadas; pero dependiendo de su lugar de envío requerirá uno u otro franqueo de distinto precio. El sello se colocará en el margen derecho de la carta por el lado contrario al que se encuentra su cierre; el que se coloque con el dibujo correctamente o invertido es irrelevante pero siempre hacer las cosas con gusto denota un sentido de la perfección y una delicadeza que el remitente sabe agradecer. La goma del sello y sobre bastará con humedecerla con unas gotas de agua y presionar para conseguir un cierre perfecto si es que no se dispone de un aparato apropiado para hacerlo.

Capítulo VII

Tipos de cartas

1. Correspondencia entre amigos

Querido Pedro:

¿Cómo te encuentras? Hace más de tres meses que no sé nada de ti. Imagino que estarás muy ocupado, pero siempre se puede hacer un huequecito para los amigos ¿no?

Espero que des pronto señales de vida.

Un abrazo,

Luis

Nótese que la carta muestra un importante vínculo de amistad entre el emisor, Pedro, y el receptor, Luis, lo cual se aprecia fundamentalmente en el uso del diminutivo, en las interrogaciones, en ese tono de reproche cargado de ironía... No hay fórmulas prefijadas en esta comunicación, sino que la escritura es espontánea como sucede en la lengua hablada. Centrémonos ahora en otro ejemplo de similares características:

Hola, Rocío:

¿Qué tal por Francia? Espero que te estés adaptando sin problemas y que consigas, por lo menos, la mitad de amigos que tienes aquí.

En el pueblo se te echa mucho de menos, y en la pandilla ni te cuento.

Un besazo enorme,

Marta

P.D. Cuídate mucho y vuelve pronto.

En esta carta, se pretende transmitir a una persona que se encuentra lejos unos sentimientos de cariño y apoyo, y para ello, se utiliza un lenguaje sencillo, cercano, natural, sin ostentaciones ni artificios.

Tal y como se desprende del análisis de los dos ejemplos comentados, no hay normas que marquen las características que deben poseer las cartas dirigidas a los amigos. La única regla es la espontaneidad; al escribir una carta amistosa procuramos que el papel sea el medio que nos acerque a nuestro amigo, por tanto, las palabras que plasmamos no deben ser frías y estudiadas sino viscerales, salidas del corazón, no de la mente. Tan sólo ha de pensarse lo que se va a decir cuando la amistad no es verdadera sino superflua, pero entonces estas cartas no estarían en consonancia con el epígrafe escogido.

La carta que vamos a plasmar a continuación tiene un tono completamente distinto al de las dos anteriores; es una dramática carta con mucha historia, ya que es la carta que el escritor Alejandro Sawa escribe a su amigo, el poeta Rubén Darío, pidiéndole que le ayude. Alejandro escribe a Rubén comentándole el pésimo estado en el que se encuentra: se ha quedado ciego, y se halla enfermo y solo; las editoriales y periódicos no quieren saber nada de él y se siente perdido, necesita un hombro sobre el que apoyarse. Por ello hemos querido dejar constancia en este libro de esta dura carta que se corresponde con los momentos más duros y previos a la muerte de Alejandro Sawa. Detengámonos pues en esta desesperada carta a un amigo:

Madrid, mayo 31 de 1908

Mi gran Rubén: Hubiera dado una pinta de sangre porque vinieras. Siempre en desacuerdo mi voluntad y mi destino, no has venido aún. Y casi desesperanzado ya, acudo a escribirte, aunque con la vacilación de un hombre que no está muy seguro de su lenguaje porque teme que los signos de su escritura no tengan mayor eficacia que las gesticulaciones de una conversación por señas.

Pero, en fin, esto es hecho, y allí voy idealmente hacia ti con los hombros derrengados por el madero y mi boca llena de confesiones.

Tú no sabes de esta postrera estación de mi vida mortal, sino que me he quedado ciego. Parece que esto es ya bastante, pero no lo es, porque además de ciego estoy, va ya para dos años, tan enfermo, que la frase trapense de nuestro gran Villiers, «mi cuerpo está ya maduro para la tumba», es una de las más frecuentes letanías en que se diluye mi alma. Pues bien: tal como estoy, tal como soy, vivo en pleno Madrid, más desamparado aún, menos socorrido, que si yo hubiera plantado mi tienda en mitad de los matorrales sin flor y sin fruto, a gran distancia de toda carretera. Creyendo en mi prestigio literario he llamado a las puertas de los periódicos y de las cavernas editoriales y no me han respondido; crédulo de mis condiciones sociales (yo no soy un ogro ni una fiera de los bosques) he llamado a la amistad, insistentemente, y ésta no me ha respondido tampoco. ¿Es que un hombre como yo puede morir así, sombríamente, un poco asesinado por todo el mundo y sin que su muerte como su vida hayan tenido mayor trascendencia que la de una mera anécdota de soledad y rebeldía en la sociedad de su tiempo?

Ven tú y levántame, tú que vales más que todos. Yo soy algo tuyo también, yo estoy formado, quizá de la misma carne espiritual tuya, y no olvides que si en las letras españolas tu eres como un dios, yo he tenido la suerte de ser tu victorioso profeta.

Un fraternal abrazo,

Alejandro Sawa

2. Cartas de agradecimiento

José Antonio de Urbina en su libro sobre el protocolo cita unas fórmulas de agradecimiento que son muy socorridas a la hora de redactar una carta de este tipo. Veámoslas:

1. Gracias. Mil gracias por tu carta sobre...
2. Se lo agradezco en el alma.
3. No sé como agradecértelo/agradecérselo.
4. Le ruego reciba mi gratitud por...
5. Mil gracias por su amabilidad al...

Veamos algunos ejemplos que pongan en práctica estas fórmulas:

Querido Salva:

Mil gracias por las fotos. Nunca olvidaré estas vacaciones, ¡qué maravilla! Lo he pasado genial.

¿Qué viajecito vas a planear para el año que viene?

Muchas gracias por todo.
Un beso,

Marga

En el presente escrito, hay una clara complicidad, no es una carta de amor pero se respira cariño al leerla. La emisora muestra sus sentimientos sin tapujos (Salvador le ha dejado impresionada con el viaje que ha organizado), e incluso, con una cierta picardía, presupone que el año que viene pasarán de nuevo juntos las vacaciones. Continuemos con los ejemplos:

Estimado Carlos:

Te agradezco enormemente que te hayas tomado tantas molestias por mí.

Hoy, finalmente, me ha llegado el libro. ¿Dónde lo has encontrado? Eres un cielo.

Muchas gracias,

Carmen

En este escrito el trato cambia con respecto al anterior, es amable pero más serio y cuidado; se refleja una amistad pero no hay explosión de sentimientos sino que están contenidos. Una carta privada de tipo personal irá redactada en función de una necesidades y teniendo muy presente la relación emisor-receptor; agradecer es algo que puede hacerse de muchas maneras, pero requiere un detenido análisis de las relaciones personales. Prosigamos con las muestras de agradecimiento:

Estimada doña Mercedes:

Le estoy enormemente agradecida por la amabilidad con que usted nos ha tratado en todo momento. No sólo se ha ofrecido a darnos alojamiento sino que también nos ha preparado unas comidas exquisitas. Siempre estaremos en deuda con usted.

Reciba un cordial saludo,

Gemma

Esta última carta es completamente diferente a las anteriores, lo cual se aprecia al centrar nuestra atención en el tratamiento, donde apreciamos cómo la receptora es tratada de usted. Exactamente no sabemos quiénes se han hospedado en casa de la receptora de la carta ni cuál ha sido el motivo, pero lo que sí nos queda claro es el deseo, por parte de la autora de la misiva, de agradecer el favor, y para ello trata de ser amable y de resaltar las virtudes de la receptora, para que con estos halagos el sentido de agradecimiento sea más palpable.

3. Las invitaciones de boda

Un par de meses antes de la fecha en la que tendrá lugar el enlace matrimonial entre los novios, éstos deberán comenzar a enviar las tarjetas de invitación a la ceremonia, con el fin de poder saber, con suficiente antelación, con cuántos invitados contarán el día de su boda.

El formato de estas invitaciones es rectangular, más o menos ancho y puede aparecer plegado en dos o más partes o bien sólo, como una gran tarjeta de visita. El color suele ser blanco, crema o marfil acompañado de algún dibujo impreso o de una cenefa bordeando la tarjeta.

El contenido de la carta es básicamente el mismo para todas las invitaciones ya que está estereotipado, pero aunque existan diferentes modelos ya creados, los futuros cónyuges siempre tiene la opción de retocarlo a su gusto. Veamos pues algunos modelos:

Mª del Carmen Romero Sánchez   Rosario López Tejero

Participan a Vds. El próximo enlace de sus hijos

José Antonio y Graciela

Y tienen el gusto de invitarles a la ceremonia religiosa
que tendrá Lugar (D.m.) el día 28 de marzo,
a la una de la tarde, en la Iglesia
San Miguel Arcángel de Villalaba.

Comida: Finca del Mesón de la Villa Madrid, 2004

Se ruega confirmación

Como puede verse. En primer término aparecen únicamente los nombres y apellidos de las madres de ambos novios, lo cual es debido al fallecimiento de ambos padres, pues lo normal es que aparezca el nombre de todos los progenitores presentando el enlace de sus hijos. Acto seguido se cita el nombre de los futuros cónyuges así como el día, la hora y el lugar donde tendrá lugar el acto religioso. En último término se anuncia el nombre del restaurante que llevará a cabo la comida encargada de festejar la consecución de la boda. Observemos este otro ejemplo:

Antonio Fuertes García — *Ramón Calzada Cuesta*
Beatriz Pineda Rojas — *Laura Moreno Ayuso*

Tienen el placer de participarles el próximo enlace de sus hijos

Daniel y Rocío

Y les invitan a la ceremonia religiosa que tendrá lugar (D. M.)
El día 17 de septiembre a las siete y media de la tarde,
En la Iglesia de Sta. Mª de la Almudena
(Cripta de la Catedral; c/Mayor, 90)

Cena: Hotel Castellana Intercontinental
Paseo de la Catellana, 49
Nueve y media de la noche Madrid, 2002

Se ruega confirmación

Como se observa, el texto es muy similar al de la invitación anterior, aunque en este caso sí aparecen tanto el padre como la madre de los respectivos novios. Pasemos a continuación a otros ejemplos algo menos comunes que los dos anteriores:

Adolfo y Cristina

Tienen el placer de comunicarles su próximo enlace matrimonial, que se celebrará el día 12 de Octubre, a las 17:30 horas, en la parroquia de la Virgen de la Providencia y San Cayetano
(Ferrer del Río, 18)
Cena: Restaurante «El Torreón»
Ctra. Del Cristo del Pardo, s/n.
(El Pardo)

(Se ruega confirmación) Madrid, 1998

En este último ejemplo vemos cómo los nombres de los padres de los novios no aparecen, lo cual puede ser propiciado por dos motivos, uno de ellos, quizá el que todos tendamos a pensar más directamente después de la explicaciones anteriores, es el de que los progenitores hayan fallecido, pero no necesariamente, ya que puede deberse, y este sería el verdadero motivo, a un deseo de los novios que, sin intermediarios, desean hacerse responsables de la invitación a su enlace. Otro modelo más claro que muestra esto es el siguiente:

Nos casamos el próximo día 7 de Julio
A las siete de la tarde en la Parroquia de
Nuestra Señora de la Asunción.
(Camino de Valladolid. Torrelodones)

Rodrigo y Marta

A continuación cenaremos en el Restaurante
El Horizontal (San Lorenzo de El Escorial)

Se ruega confirmación Madrid, 2000

Esta carta se acerca más a las privadas, pretende ser más directa y personal, dar la impresión de que los novios se dirigen con exclusividad a los invitados, y en función de esto han invertido el orden de los elementos colocando los datos del enlace antes que sus nombres. Según se ha visto el lugar de la cena se colocará indistintamente a derecha o izquierda; y lo que siempre ha de aparecer es la frase comodín: se ruega confirmación, así como el sitio donde tiene lugar el enlace y la fecha. Estas tarjetas son escogidas con mucho cuidado y meditación por los novios que deciden formalizar su relación pasando por un altar, además dichas invitaciones siempre serán un buen recuerdo para los familiares y amigos asistentes a la ceremonia y banquete.

Cuando pensamos en una invitación de boda, tenemos la típica imagen de una pareja, más o menos joven, que decide dar un paso importante en sus vidas para iniciar otra en común, pero hay otro tipo de invitaciones a bodas donde ese gran paso se dio ya hace 50 años, y lo que se pretende con la celebración es unir de nuevo a las personas más cercanas a la familia para festejar los frutos de esa larga convivencia; naturalmente esas personas tan allegadas podrán ser algunas de las que asistieron al primer enlace o por el contrario aquellas que nacieron, bien fruto de esos años de matrimonio, bien en el transcurso de esa media década. Estamos hablando de las bodas de oro, y qué mejor explicación que una muestra de este tipo de invitación:

Francisco e Isabel

Nos gustaría que el próximo 25 de Noviembre de 1995, nos acompañaseis a celebrar nuestro 50 Aniversario que consolida nuestras Bodas de Oro.

El enlace matrimonial será en la Iglesia de San Miguel Arcángel a las 13:30 horas, rodeados de nuestros más allegados familiares.

Después, a las 2:30 horas, almorzaremos todos juntos (con el consabido brindis) en el Salón del Infantado, c/Ronda de la Plazuela nº 10 en Las Rozas de Madrid

Las Rozas, Noviembre 1995

Este tipo de enlace es más privado que los anteriores, el número de invitados es reducido, y ese tono familiar se deja ver en la invitación. Esta celebración es casi un pretexto para que la familia que surgió hace unos 50 años, viva con sus progenitores la alegría de presenciar un enlace que el tiempo, la salud y las circunstancias han permitido repetir.

Todas estas invitaciones van metidas en unos sobres blancos donde la dirección de los invitados es escrita a mano por los propios novios.

4. Petición de un favor

Muchas veces nos hemos visto en la necesidad de escribir una carta a un amigo o colega para solicitarle un favor. En estas cartas, por el hecho de estar pidiendo, debemos ser más amables y correctos que nunca. José Antonio de Urbina cita en su libro algunas frases típicas muy recurrentes cuando se trata de pedir un favor:

1. Por favor, hazme / hágame el favor de...
2. Estimada amiga: Le ruego pueda hacerme el favor de...
3. Lamento molestarle con el siguiente ruego...
4. Sé lo ocupadísimo que estás, pero tengo un problema, ¿podrías echarme una mano, por favor?

Estas fórmulas, por su variedad, podrían ser utilizadas tanto en cartas profesionales como privadas, pues se adaptan al mayor o menor grado de confianza que poseamos con respecto al receptor. Observemos el ejemplo:

Querido profesor Gómez Estrada:

Nos conocemos desde hace mucho tiempo y siempre nos hemos respetado y admirado a pesar de la enorme competitividad que envuelve a nuestro entorno. Siempre he creído que usted es uno de los mejores conocedores de la historia contemporánea de nuestro país y un gran comunicador; por todo ello, y por el gran interés que están suscitando los artículos que ha publicado recientemente en la conocida revista El siglo XIX en escena, *le ruego que acceda a participar como ponente en una serie de conferencias previstas para el mes de marzo en el Ateneo de Madrid. Usted es el mejor candidato, sin su presencia creo que el acto perderá gran parte de su interés ya que usted tiene mucho que decir.*

Le ruego que me dé una respuesta lo antes posible, a continuación le envío los días de la conferencia y los temas para que, en caso de poder acudir, escoja lo que más le convenga.

Atentamente,

Profesor Romero Carvajal

En esta carta no faltan los halagos ni las facilidades, es decir, cuando uno pide un favor debe ponérselo cómodo al receptor, debe darle opciones para que acceda con una mayor facilidad, y siempre debe ser respetuoso y amable evitando el decir «me debes un favor» o expresiones de este tipo que únicamente se usarán en caso de tener una buena amistad o en función del carácter del lector. Al pedir un favor no se debe presionar, cada uno es libre de elegir si quiere o no ayudarnos, y en caso de que decida no hacerlo hay que respetar su decisión.

5. Cartas escritas con motivo de una felicitación

¡Eres la mejor!, no te diré que lo sabía pero... ¡lo sabía! Tu madre me ha llamado para contármelo todo, ¡qué alegría me has dado!, enhorabuena otra vez por el trabajazo que has conseguido.

Un besazo enorme de tu prima,

Sofía

La carta de felicitación que acabamos de leer es la que pudiera escribir un familiar a otro, es espontánea, alegre y llena de vida, lo que se expresa con exclamaciones, aumentativos y un lenguaje coloquial; pero si no existe tanta confianza entre emisor y receptor, la carta deberá ser algo más contenida como será el caso de ésta:

Queridos Pedro y Marta:

La noticia me ha pillado totalmente por sorpresa, pero debo admitir que me ha sorprendido gratamente. Enhorabuena de todo corazón porque sin duda este hijo es el fruto de un gran amor.

En cuanto tenga un huequecito me subo a un avión y voy a veros.

Un abrazo enorme,

Paloma

La enhorabuena ante la noticia de un embarazo es el tema principal de esta carta escrita en tono muy afectivo pero elegante. La relación existente entre emisor y receptores parece estrecha, lo que se confirma en el lenguaje familiar, pero en ningún momento se pierde la compostura.

Estos son sólo dos ejemplos de cartas privadas de felicitación, evidentemente la mayor o menor confianza y la sincera alegría que pueda provocar una noticia darán lugar a infinitas cartas de variadísimo contenido. Lo que sí tendrán o deberán tener en común es ese matiz afectivo que debe deslindarse de toda felicitación pues felicitar a alguien implica alegrarse por algo que le ha ocurrido y esa alegría proviene del cariño, por lo que si este sentimiento no se deja traslucir en nuestro escrito, la carta no habrá cumplido la misión para la que ha sido creada.

6. Cartas de condolencia

Hay que tener en cuenta que el pésame por escrito reemplaza al oral, cara a cara con los familiares del difunto, donde el contacto físico siempre más directo permite una mayor expresión del sentimiento de dolor sin necesidad de hacer uso de grandes frases; pero en su defecto, una buena carta de pésame, sincera y sentida, puede desempeñar la misma función con la ventaja añadida de que lo escrito perdura a lo largo del tiempo.

Para que un pésame por escrito transmita realmente unos sentimientos de condolencia y apoyo que, en definitiva, es lo que se pretende, debe estar escrito sin artificios, de una manera sencilla, natural y, por supuesto, sentida. En torno a este asunto, José Antonio de Urbina cita en su libro una serie de consejos muy útiles a la hora de redactar un pésame y que son los siguientes:

1. Que sea breve. Pues para expresar el dolor por la muerte de una persona bastará con pocas palabras si éstas son sinceras. Es preferible ser breve que enredarse en el escrito y no encontrar el momento y la manera de terminarlo, ya habrá tiempo de expresar en persona todo aquello que se quede en el tintero; lo esencial ahora es hacer ver a la familia del fallecido que estamos a su lado y que compartimos su dolor.

2. Que sea manuscrita. La razón es muy sencilla; al escribir una carta de este tipo, hemos dejado claro que debemos ser sinceros, abrir nuestro corazón y expresar con naturalidad nuestros sentimientos de dolor y comprensión, por lo que el resultado será una carta muy personal que debe ir escrita por nuestro puño y letra, ya que sería una incongruencia escribirla en algo tan impersonal como es el ordenador con sus tipos de letra estereotipada.

3. Que sea sentida de verdad. Si no se logra este objetivo, lo mejor será efectuar una llamada de teléfono a los familiares, pues una carta escrita por compromiso, con frases hechas, acaba resultando sumamente fría. Esto quizá nos sea útil si el fallecido es una persona con la que apenas teníamos relación pero no si se trata de alguien querido y estimado.

Antes de pasar a los ejemplos, he de concluir advirtiendo que aparte de los datos aportados hasta ahora, es necesario tener muy presente cuando se escribe una carta de pésame, varios puntos a saber; uno de ellos es atenerse al conocimiento que tenemos del receptor, es decir, si es una persona sencilla y llana que no presta demasiada atención al protocolo o, si por el contrario, se fija mucho en los detalles; por otro lado, también hay que tener muy presente la relación que nos unía con el fallecido, porque no se puede escribir una carta muy sentida y cariñosa si se trataba, por ejemplo, del jefe de nuestra empresa con el que teníamos un contacto mínimo y superficial; luego hay que estudiar todos estos factores externos y después aplicarlos lo mejor posible sobre el papel. A continuación exponemos algunos ejemplos de cartas de condolencia para reflejar lo comentado:

Querido Aitor:

No te puedes imaginar el dolor que nos ha causado la noticia de la muerte de tu padre. Fue un hombre entrañable y noble al que recordaremos con cariño.

Aunque ahora el dolor te inunde por completo, poco a poco tu corazón volverá a sonreír al recordar aquellos fantásticos momentos que pasasteis juntos.

Si me necesitas ya sabes donde puedes encontrarme. Recibe un fortísimo abrazo,

Marcos

Estimado Luis:

Sé que todo lo que pueda decirte en estos momentos no servirá para aplacar tu gran dolor, por eso sólo quería transmitirte mi apoyo. Todos queríamos mucho a Laura, ha sido una gran pérdida pero siempre estará viva en nuestra memoria.

Estoy a tu lado para lo que necesites.

Con todo mi cariño,

Patricia

Estimado señor Guerrero:

La noticia del fallecimiento de su esposa nos ha sobrecogido. Le ruego que acepte nuestras condolencias en estos duros y difíciles momentos.

Afectuosamente,

Pablo Rodríguez

Las primeras dos cartas de condolencia, muestran la estrecha relación existente con la familia de la víctima. Con un lenguaje llano y sincero tratan de hacer llegar su dolor y apoyo al receptor en esos difíciles momentos. Por el contrario, la última es algo más formal y distante, y deja entrever una lejana o distante relación entre el emisor y el fallecido.

7. Cartas pidiendo disculpas

Según José Antonio de Urbina: «uno de los termómetros de la educación es justamente éste, el que sepamos disculparnos y excusarnos, de verdad». Y concluye diciendo: «cuesta lo mismo disculparse que no hacerlo, y es mucho más rentable».

Cierto es que al hombre siempre le ha costado asumir su culpa y rectificar su conducta mediante una frase de arrepentimiento; pero siempre es bueno tragarse el orgullo y saber rectificar ya que demostraremos tener no sólo una buena educación sino que además conseguiremos mejorar la opinión que se pueda tener sobre nosotros.

Para pedir disculpas primeramente debemos admitir nuestro error, confesar que estábamos confundidos con nuestras palabras u obras y mostrarnos arrepentidos; todo ello lo haremos con un lenguaje sencillo donde expongamos realmente ese deseo de ser perdonado, porque si la carta no resulta convincente no tendrá ningún sentido el haberla escrito. Fijémonos en el ejemplo.

Querida Marta:

Siento mucho todo lo que ha pasado; me siento fatal por lo ocurrido y más sabiendo que todo fue culpa de mi estúpido error. Nunca pensé que mi torpeza pudiera llegar a causarte tanto daño, te ruego que me perdones y podamos volver a ser amigas, aunque entiendo que te costará volver a confiar en mí como lo hacías antes de que te defraudara.

Con cariño,

Charo

Quizá esta carta sea demasiado autoinculpadora, uno no escribiría una carta de este tipo a no ser que estuviera totalmente convencido de que ha sido el causante o el culpable de alguna acción que ha provocado en otra persona unos sentimientos de ira. Generalmente no se suele ser tan generoso ya que se puede admitir nuestra culpa, pero siempre con reparos:

Estimada Marisa:

Puede que después de todo, tú tuvieras razón al decirme que me estaba equivocando, pero entiende que cuando alguien te aconseja algo que no quieres oír no resulta fácil aceptar esa crítica o consejo con buena cara. Espero que no me guardes rencor por lo ocurrido y que aceptes mis disculpas.

Con cariño,

Ernesto

8. Cartas de amor

Lo mejor para este tipo de cartas es ser sincero y sacar a relucir los más profundos sentimientos con sencillez y naturalidad pues el problema que nos podemos encontrar a la hora de redactar estas cartas es el de caer en la cursilería. Hay que tratar de evitar las frases hechas tan trilladas por la literatura como tus ojos color azabache, el oro de tus cabellos y demás figuras literarias que mal empleadas pueden provocar risa en vez de emoción.

A la hora de sentarse a escribir una declaración de amor no se pueden dar unas pautas fijas para expresar los sentimientos que nos invaden, salvo los ya comentados; pero lo que sí podemos advertir al enamorado remitente es que sea cuanto menos prudente pues nunca sabe cómo va a reaccionar el destinatario; quizás lea el escrito en la más profunda intimidad y se apresure a dar una respuesta satisfactoria o no, pero caben más posibilidades, ya que puede darse el caso de que el receptor no sea muy prudente y la carta acabe rodando de mano en mano o bien, que sea él mismo de modo voluntario, y no el descuido o la mala suerte, el que haga que los demás conozcan el contenido de dicha carta. Con lo expuesto no pretendemos persuadir, ni mucho menos, al lector de su intención de escribir una carta de amor, lo que tratamos de decirle únicamente es que no se deje guiar totalmente por sus sentimientos sino que utilice la cabeza para templarlos.

Si se quiere dar un toque mágico o grandilocuente, uno siempre puede hacer uso de los grandes poemas de amor que la literatura nos ha cedido a través de los siglos pero no es necesario apuntar tan alto, uno puede escribir una carta muy bella haciendo uso de las situaciones de nuestra vida cotidiana: una anécdota, una frase graciosa... cualquier toque de espontaneidad puede amenizar el escrito y aumentar el deseo de leerlo.

Querida Rosa:

Hace algún tiempo que mis sentimientos hacia ti han cambiado; antes, sólo te veía como a una amiga pero ahora eres algo más. Quizá tú no sientas por mí más que una sincera amistad y al leer estas líneas pienses que te estoy traicionando, pero no es esa mi intención. Si me he decidido a abrirte mi corazón es porque no deseo engañarte ni puedo continuar engañándome a mí mismo. Te amo, cada día que pasa te quiero más y el tratar de reprimir este amor es inútil.

Si al leer esta carta no sientes lo mismo que yo, te ruego que sigas siendo mi amiga, pues prefiero que ignores mis sentimientos a que ignores mi persona.

Tomás

Esta carta revela algo que el autor no se ha atrevido a confesar con palabras. Al no tener que vivir cara a cara una declaración de amor de este tipo, que siempre es un trago, el escrito permite elegir cuidadosamente las palabras, crear frases más literarias y, en definitiva, dejar que afloren, sin pudor, unos sentimientos de amor espontáneos, expresados con un lenguaje sin artificios.

Para no cerrar este apartado sin un ejemplo de peso, hemos querido mostrar aquí la carta escrita por José Martí a Rosario de la Peña, es una carta discreta y contenida pero entre líneas puede verse ese sentimiento de amor que ha de suscitar toda carta de este tipo. Dicha misiva ha sido sacada del libro de la editorial Nacional de Cuba que recoge el epistolario completo de Martí:

(México, 1875)

Rosario: Si pienso en Vd., ¿por qué he de negarme a mí mismo que pienso? Hay un mal tan grave como el de precipitar la naturaleza; es contenerla. A Vd. se van mis pensamientos ahora, no quiero yo apartarlos de Vd.

He dejado en Vd. una impresión de tristeza; yo amo con una especie de superstición todos los últimos instantes y me irrito conmigo mismo cuando en cada adiós mío digo menos de lo que quisiera decir con él mi alma. Y sin embargo, Rosario, tengo en mí esa paz suave y satisfecha que se llama contento. A nadie perdoné yo nunca lo que perdono yo a Vd.; a nadie he querido yo tanto, como quisiera yo querer a Vd.

Rosario, me parece que están despertándose en mí muy inefables ternuras me parece que podré yo amar sin arrepentimiento y sin vergüenza; me parece que voy a hallar un alma pudorosa, entusiasta, leal, con todas las ternuras de mujer, y toda la alteza de mujer mía. Mía Rosario. Mujer mía es más que mujer común.

Tiene un alma de mujer enamorada muy bellos embarazos, muy suspicaces precauciones, encantadoras reservas, puerilidades exquisitas. Y ¿a qué... las inconstancias y desfallecimientos de este espíritu mío, tan enamorado de la luz que todo lo necesita para sus amores sin mancha y sin tinieblas? Rosario,-Rosario, yo he empezado a amar ya en sus ojos un candor que en tanto grado vino en ellos, que ni Vd. misma sospecha que todavía vive en Vd. en tanto grado...

José Martí

9. Cartas de reproche

Cuando escribimos una carta de reproche, debemos contener nuestros sentimientos de odio o rabia, ya que faltamos al respeto a una persona en un documento escrito, este puede volverse en nuestra contra al ser un documento válido como testimonio legal. Por ello, uno debe escribir la carta pasado el momento de ira, distanciándose de lo acontecido y de su implicación en el asunto, pero si por el contrario no queremos esperar a que nuestro espíritu se apacigüe sino que deseamos utilizar este escrito para desahogarnos debemos leerlo y releerlo antes de enviarlo, incluso sería bueno guardar el escrito y sacarlo transcurrido algún tiempo cuando quizá la distancia temporal nos haya curado las heridas y proporcionado otra perspectiva oculta hasta entonces por la ira. Observemos el siguiente ejemplo:

Querido Manolo:

No sé si te mereces un encabezamiento tan generoso por mi parte después de todo lo ocurrido. Hace tan solo una semana me decías que yo era la mujer de tu vida y que morirías antes de tener que afrontar la vida sin mí. Ahora entiendo que todo era mentira, la pena es que yo sí sentía realmente lo que tú decías sentir por mí. Pero ahora lo nuestro es historia; no voy a negarte que todavía te quiero a pesar del daño que me has hecho pero el dolor me obliga a odiarte, no quiero volver a saber nada de ti.

Te ruego que no vuelvas a llamarme, no me busques ni trates de hablar con mis familiares y amigos para meter en su cabeza las mentiras con que llenaste la mía. Deseo que con tu deplorable actitud no engañes más a las personas que se han dejado cegar por tus mentiras.

Un saludo,

Lorena

Ésta es una carta bastante sincera y directa, la emisora de la misiva se siente dolida, ha sufrido un desengaño que no está dispuesta a perdonar, pero en vez de desahogarse insultando al destinatario se mantiene serena y firme en su decisión de alejarse de la persona que le ha herido, porque como dice el refrán «No hay mayor desprecio que no hacer aprecio», y puede que esta pequeña frase donde habita un gran saber popular tenga mucha razón, ya que ignorar a quien nos hiere es mejor arma que enfrentarse a él.

10. Reclamaciones

En este tipo de cartas, es preciso ser directo, explicar el problema que ha provocado una disconformidad o un malestar y tratar de exponer posibles soluciones en las que el perjudicado, en este caso nosotros como emisores de la carta, salgamos beneficiados, en la medida de lo posible. Lo que es preciso evitar, por muy malhumorados e indignados que estemos, son los desahogos; hay que mostrarse firme en nuestra queja pero sin faltar al respeto, pues este hecho podría acabar provocándonos más trastornos a los ya ocasionados como podría ser el vernos envueltos en una denuncia interpuesta por el receptor de la carta. Detengámonos en algunos ejemplos:

Estimados señores:

Tal y como ya les expuse en el encuentro del pasado día 5, el trabajo que han realizado en la reforma de mi cuarto de baño ha sido defectuoso: Al no tapar las juntas correctamente con silicona, el agua de la ducha ha vuelto a calar al vecino de abajo, además el lavabo que han instalado está descascarillado y los sanitarios no están bien fijados.

Ya he contratado a otros fontaneros para que me arreglen sus faltas y terminen el trabajo; la factura que los nuevos trabajadores me hagan se la descontaré de lo que les debo.

Atentamente,

Luisa García

Estimados señores:

Con la presente les adjunto dos prendas que compré a través de su catálogo y que tienen unos defectos de fábrica. Junto a éstas les envío el ticket de compra. Les ruego que me cambien ambas prendas por otras nuevas o en caso de no quedar existencias les adjunto una lista con otras prendas que, por tener el mismo precio, podrían reemplazar a las defectuosas. En caso de haber algún problema, estudiaríamos la posibilidad de que me devolvieran el dinero. Mi número de teléfono para que puedan ponerse en contacto conmigo es el siguiente ....

Les saluda atentamente,

Pilar Salcedo

En las cartas de reclamación que tratan de pagos, hay que exigir lo que se debe con firmeza porque se está pidiendo algo que nos corresponde. Tampoco hay que faltar al respeto pero hay que ser directo y claro; ya que el caer en excesivas amabilidades con el deudor no nos beneficiará en absoluto, pues éste puede interpretar que en cierto modo le estamos eximiendo de su culpa, es decir, que entendemos los motivos que le han conducido a su falta de pago y que no estamos molestos con su retraso, por lo que podrá retrasarse aún más en el pago. Fijémonos en una reclamación de este tipo:

Querido Señor González:

Le recuerdo que este mes no ha realizado el pago correspondiente al alquiler del piso. Tal y como figura en el contrato firmado por ambos, usted debe abonar el importe del 25 al 5 de cada mes y no pasado el mencionado plazo. Así que le ruego pague el alquiler lo antes posible.

Cordialmente,

Susana Alonso

Otro tipo de cartas de reclamación son aquellas que ante una disconformidad tratan de ejercer el derecho de todo cliente a ser oído. Este sería uno de esos ejemplos.

A la atención de la dirección:

Ante el inesperado despido del monitor Rodrigo Valdés, nos dirigimos a usted con el fin de hacerle llegar nuestra disconformidad y malestar por lo sucedido. Esta repentina noticia nos ha conmocionado hasta el punto de provocar la unión de los abajo firmantes con la única intención de solicitar su reincorporación a las instalaciones, ya que consideramos que Rodrigo es uno de los mejores monitores del gimnasio que no sólo ha sabido ganarse a la gente con su carácter abierto sino que además nos ha brindado unas fabulosas clases donde técnica y diversión estaban perfectamente complementadas.

Nosotros como socios miramos por nuestros intereses y, aunque haya muchos monitores capaces de cubrir sus horas, no deseamos que sea reemplazado.

A la espera de que nuestra petición obtenga una respuesta satisfactoria

Le saludan atentamente,

Esta es una de esas cartas de reclamación que no van firmadas por una persona en particular sino por un conjunto, en este caso, nadie se hace responsable del escrito, sino que ese escrito surge como representación de la manera de pensar de una colectividad que, en este caso concreto, se quejan ante el despido de uno de los monitores del gimnasio donde ellos son socios. Para dar fuerza al escrito, debajo del mismo deben figurar el nombre, apellidos, DNI y la firma de un número considerable de personas.

11. Correspondencia entre profesionales de un mismo gremio

En el libro *Tres voces de Pedro Salinas*, Juan Marichal escribió, tal y como viene recogido en una de las anotaciones que hace José Luis Bernal Salgado en su obra *Correspondencia (1920-1983). Pedro Salinas, Gerardo Diego y Jorge Guillen* que el cartearse con los amigos y colegas de España y las dos Américas fue probablemente en su origen un sustituto de la tertulia y otras formas de expansión oral, de que tanto gustaba el españolísimo conversador que era Pedro Salinas.

Pedro Salinas, Gerardo Diego y Jorge Guillén, grandes poetas de la generación del 27, son tres amigos a los que las circunstancias mantienen separados; a raíz de la guerra,

Salinas y Guillén deben exiliarse mientras que Gerardo Diego se instala en Madrid.

A continuación vamos a dejar constancia de dos de las primeras cartas que conforman el epistolario de estos tres autores, cartas que, por su precocidad, podrían encuadrarse dentro de las consideradas profesionales, y ahondando un poco más las colocaríamos en las llamadas profesionales de un mismo gremio dado su carácter literario. Aunque con el paso del tiempo la correspondencia mantenida entre estos grandes escritores se convertirá en privada, pues a estos poetas acaban uniéndoles unos estrechos lazos de amistad.

María Auxiliadora, 8
Sevilla 15-10-(19)20
Sr. D. Gerardo Diego

Mi querido amigo:

Después de una información y rebuscar en los rincones de la Secretaría de la Universidad, me dan su librito y su postal. Llegaron mientras yo estaba aquí y si no hubiera sido por su carta no me habría enterado de nada.

Mucho le agradezco su atención: la calidad íntima y recogida que su libro tiene y que usted justamente ha dado al modo de su aparición, hace más halagüeño el regalo a la persona que lo recibe. (se refiere al libro Romancero de la novia). Según aclara la nota de José Luis Bernal.

Lo llama usted sarampión, querido Diego, y sólo lo es, me parece, en lo general de su difusión. Son muchos los que tienen aún manchas de ese sarampión, aunque no aparentes, y que sin darle más importancia de la que tiene una cosa ya pasada y padecida, no lo repudian sin cariño. Ha hecho usted bien en recoger esos versos, en recogerlos y no publicarlos. Lo encuentro muy a tono con su emoción, cantarinos y sencillos, un poco torpes, un poco ingenuos, pero torpeza e ingenuidad que son deliciosas porque recuerdan las primeras torpezas de cada cual. Y en ningún caso arrojan estas cualidades de expresión sombra de torpeza o frivolidad sobre el sentimiento. En ese punto su libro es un solo poema, de unidad perfecta. Esa es mi impresión, puesto que usted la quiere. Y añada a ella, añada usted la gratitud con que guardo su libro.

¿Y las otras poesías, no las publica? Creo que bien vale la pena. Soria le debe dar a usted ocio para copiar, corregir, seleccionar cosas, ese último paso hacia la publicación que es el que más cuesta. Anímese a hacerlo.

Yo de Sevilla pocas cosas que contar; porque el otoño delicioso de aquí no es cosa para contada.

Salúdeme a Taracena y Tudela y reciba un muy cordial y agradecido recuerdo de su aftso.

P. Salinas

(Membrete: Real Instituto de Jovellanos / Gijón / El catedrático de Literatura)

Madrid, 9- febrero- 1924

Sr. D. Jorge Guillén

Querido amigo: una grata sorpresa fue la de su carta. Yo también tenía deseos de iniciar una amistad que espero habrá de ser invariable y fructífera. Sabía de usted, en primer término por sus versos y prosas; después por referencias de Cossío y de Artigas que me enseñó una carta suya en la que aludía al título de mi próximo libro.

Celebro que le haya parecido pertinente mi apunte sobre Góngora. Aún queda mucho por decir, sólo he procurado señalar el camino. Me parece, aparte de la admiración desinteresada a su genio poético, que es el único poeta clásico español (Fr. Luis también, pero sólo para los problemas de composición, de construcción) útil y vivo para un poeta de hoy. Yo le debo algo en mi formación; aunque en mi formación incipiente e imperfecta hayan actuado sobre todo poetas contemporáneos. Ya sé que figura usted también en le n.º de Intentions *que espero con curiosidad. ¿Prepara Vd. algo ahora?*

¿Tiene usted mi libro Imagen*? Si no, tendré mucho gusto en enviárselo.*

¿Qué es de José Mª (Cossío)? Yo le escribí hace días a Tudanca, sin saber dónde estaba. Entre otras cosas, le preguntaba por la Corona a Enrique Menéndez que suponía próxima a salir.

A ver cuándo tenemos ocasión de conversar largo y tendido. Espero que nos pongamos de acuerdo en muchas cosas.

Muy cordialmente suyo,

Gerardo Diego

También Rubén Darío y Miguel de Unamuno mantuvieron una relación epistolar aunque no demasiado amistosa, sobre todo en un primer momento. La carta a continuación transcrita lleva por membrete el texto: El Rector de la Universidad de Salamanca, y está fechada el 22 de mayo de 1908. Esta carta figura en el libro: *Cartas de Rubén Darío* (Epistolario inédito del poeta con sus amigos españoles). Recopilación llevada a cabo por Dictino Álvarez Hernández. Pasemos a leerla pues también podría ser un ejemplo entre profesionales del mismo gremio, ya que ambos son consagrados escritores y estudian la posibilidad de verse para hablar entre otras cosas, y sin ninguna duda, de literatura.

El anuncio de su visita, querido Darío, me ha alegrado mucho y dejo para cuando nos veamos el hablar de unas y otras cosas. Por ahora he de decirle que los primeros días del mes que viene he de estar ocupado en exámenes y sin poder disponer de todo el día y después de esto, que durará ocho o diez días, voy a Cáceres por cinco o seis a un certamen regional pedagógico. Lo mejor es, pues, que cuando piense venir me avise para que nos pongamos de acuerdo y coincidamos.

De Vd. hablé mucho con Ricardo Rojas que pasó por aquí tres días y está ahora en ésa. El le dirá de esta dorada y apacible Salamanca.

Yo ando algo displicente. Murrias. Su compañía me vendrá bien.

Muy de veras es suyo,

Miguel de Unamuno

Otra carta importante es la escrita por Jacinto Benavente a Rubén Darío, pues, al parecer, fue Benavente, como director de Madrid cómico, el que debió dar a conocer a Darío al público español tras publicar el prólogo de *Prosas Profanas* y la sinfonía en gris mayor en el año 1898; al menos, eso es lo que piensa Geoffrey Ribbans, y así viene recogido en el libro recopilatorio de Dictino que acabamos de de citar. Veamos la carta:

Continental Express
Sociedad Anónima
Carrera de San Jerónimo, 15. Madrid.

Sr. D. Rubén Darío.
Mi admirado poeta: Muchas gracias por su envío. La poesía es preciosa. La leerá Nilo Fabra.
Muy agradecido suyo,

Jacinto Benavente

Éstos han sido algunos ejemplos entre profesionales de un mismo gremio que se escribirían para agradecerse el envío de algún libro o comentarlo, pero cualquier colega que escriba a otro para tratar con él algún asunto relacionado con su trabajo habrá creado una carta profesional. Los ejemplos son innumerables.

12. Cartas al periódico

Por regla general, este tipo de cartas van dirigidas al director del periódico, pues la disposición de la carta así lo requiere, pero tienen como objetivo llegar a un público variado al que se pretende influenciar sobre un tema en concreto. Para conducir al lector por el camino deseado se emplean registros muy variados. Veamos unos ejemplos:

Señor Director:

La presente está redactada con el fin de adoctrinar al Sr. P. Morales, que escribió a su periódico el pasado 30 de marzo, y a todos aquellos lectores que coincidan con éste en su manera de pensar. Por si no han tenido oportunidad de leerla les recuerdo que en dicha carta, un poco xenófoba, por cierto, se comentaba que los inmigrantes eran los principales causantes de las desgracias de los españoles.

En primer lugar no creo que se pueda decir a título general que los españoles seamos desgraciados, en todo caso, de haber alguien desgraciado son los inmigrantes que para poder subsistir deben abandonar su patria y familia y emprender una nueva vida cargada de dificultades. Esas gentes son personas como nosotros y también merecen una oportunidad que les permita vivir dignamente.

Patricia Rico
Asistente Social

Observemos este otro ejemplo recogido de un conocido diario español y que tiene por título «Desmentido del gobierno chileno».

Sr. Director:

Por la presente desmiento de la manera más absoluta la información entregada por el corresponsal Ramy Wurgaft el martes 20 de enero. Así lo ha hecho hoy el ministro secretario general de Gobierno (portavoz), Francisco Vidal, y en su nombre le envío esta nota.

En esa crónica, despachada desde algún lugar no especificado de América Latina, se señala que el subsecretario de Estado norteamericano, Roger Noriega, en una conversación que reproduce el Washington Post, *recomendó al presidente Ricardo Lagos, que considere una solución creativa al conflicto con Bolivia. La información alude a la concesión de un corredor terrestre y de un puerto comercial.*

Tal conversación jamás existió ni ha existido planteamiento alguno del Subsecretario chileno. Lo más grave es que tampoco el Washington Post *publicó información de ningún tipo al respecto, lo cual nos fue ratificado por los editores de dicho diario.*

Dado el peso internacional de EL MUNDO *y los ecos de tal información solicito a usted la rectificación correspondiente. A la vez que le indico que estamos siempre a sus órdenes, para atender consultas sobre la veracidad de afirmaciones que no contribuyen a crear el clima del diálogo que los chilenos deseamos tener con la Paz.*

Atentamente, Fernando Reyes Matta. Asesor Internacional. Secretaría General de Gobierno de Chile.

O este último ejemplo: «Niños que crecen con un hogar estable», también extraído de un periódico de difusión nacional.

Sr. Director:

Ayer había déficit educativo, claro que sí. Pero la política familiar iba dirigida a un único fin: que los niños tuvieran la mayor probabilidad de crecer en un hogar estable.

Hoy el déficit radica en que se difumina la frontera que hay entre la soltería y el matrimonio. Una pareja puede creer que su unión de hecho o por mero convencionalismo religioso es estable como para decidirse a tener hijos. Craso error: el dato empírico muestra que la duración media de este tipo de uniones es de cinco años y que los hijos procedentes de tal unión no se contentan con vivir en un casi hogar fundado sobre un casi matrimonio ni aceptan de los padres el consejo no tengáis hijos fuera del matrimonio porque estos jóvenes ni siquiera saben si se encuentran dentro de un matrimonio. Conviene afirmar sin rubor que difuminar aquella frontera atenta contra la familia, multiplica los niños sin hogar, establece y genera decadencia en las mejores civilizaciones. Susto Otero. Villagarcía.

13. Solicitud de una carta de recomendación

Lo esencial en este tipo de cartas es ser lo más amables posible pues lógicamente estamos pidiendo un favor; que nos recomienden. La petición en sí puede hacerse de un modo más o menos directo en función de la relación que tengamos con el receptor; luego conforme a este aspecto emplearemos un tono más o menos elevado. También es corriente el detenerse en halagar al lector, pero cuidado, pues si nos ponemos demasiado cursis, el receptor tomará los piropos no tanto como un verdadero cumplido sino como una mera treta para conseguir la buscada recomendación.

Querido Señor Blanco:

Me dirijo a usted con el fin de solicitarle una carta de recomendación. Deseo presentarme al cargo de gerente que queda vacante en la empresa. Todos los progresos que he ido experimentando a lo largo de mis años laborales en esta empresa se los debo a usted; por ello creo que es el que mejor me conoce y el único que puede hablar en mi favor.

Le agradezco enormemente todo lo que usted ha hecho por mí.

Atentamente,

Joaquín Bravo

Estimado profesor Cano:

Vuelvo a ponerme en contacto con usted con la intención de solicitarle una carta de recomendación para lograr acceder a una beca en la Universidad Complutense de Madrid sobre Literatura Medieval. Aquí le envío el proyecto en el que estoy trabajando, que como puede ver contiene muchas de las pautas que usted me marcó.

Le agradezco su paciencia y su dedicación conmigo.

Reciba un cordial saludo,

Rodrigo Sánchez

14. Carta de recomendación

El que recomienda ha de ensalzar al recomendado no sólo en sus rasgos personales, sino también, y muy especialmente, en sus méritos laborales y académicos. Hay que hacer hincapié en el hecho de que la persona a favor de quien se habla es la adecuada para desempeñar el objeto de la recomendación.

No hay que llenar la carta con elogios que no conduzcan a ninguna parte, sino que en el caso de aparecer, que naturalmente deben hacerlo, han de constar con una finalidad clara, pues si la carta no hace más que dar connotaciones positivas de una persona y no refleja nada en torno a su utilidad para el puesto, parecerá que queremos enchufarla sin más y que realmente no se merece obtener la plaza solicitada.

Queridos colegas:

Es un placer para mí recomendar al Sr. Pablo Hierro para el trabajo de Gestor Inmobiliario. Conozco a Pablo desde hace años, pues no sólo le inspiré su vocación, sino que además ha estado trabajando conmigo durante algo más de dos años. Es un chico fantástico, trabajador, aplicado y con unos conocimientos sólidos avalados por una admirable educación universitaria.

Por todo lo cual, le considero un candidato perfecto para el puesto de trabajo que ustedes desean cubrir. Les ruego lo tengan en consideración.

Atentamente,

Agustín Carpio

Estimados colegas:

Me agrada recomendarles al Sr. Lorenzo Aparicio para la beca de literatura que su universidad concede. Mi candidato es un joven con una sólida formación académica que ha sido complementada con varios años de estudio en el extranjero. Es una persona seria, trabajadora y con ganas de aprender que, además, ha resultado ser el primero de su promoción.

El tema de su investigación es apasionante y muy poco estudiado como ustedes podrán constatar, a lo que se le sumaría un planteamiento desde una perspectiva muy novedosa. Lorenzo Aparicio es, por todo ello, un buen candidato y digno de su apoyo.

Atentamente,

Sergio Gómez

15. Carta de presentación

Recibe este nombre el escrito que antecede al Currículum Vitae y que aporta los primeros datos sobre la persona.

Aunque tenga menos renombre que el currículo no quiere decir que sea inferior en cuanto a importancia, pues si está bien redactado y es lo suficientemente persuasivo puede conseguir que el lector se fije en su emisor por encima del resto de los candidatos y no sólo se interese por el currículum sino que además concierte una entrevista.

Normalmente, cuando nos presentamos a un proceso de selección únicamente enviamos nuestro currículum, el cual suele semejarse al resto de los enviados por su estereotipada disposición. Es por ello, por lo que el candidato al puesto de trabajo debe hacerse notar, ha de intentar vender su valía y la mejor manera para llevar a cabo ese marketing personal es a través de la carta de presentación ya que, con toda seguridad, será el documento que primero se leerá al realizar un proceso de selección.

A la hora de empezar a redactar este documento, no es preciso que menciones tus datos personales, ya que figurarán tanto en el sobre como en el currículum, pero si deseas escribirlos de nuevo, su lugar será justo encima de la fecha en la que has redactado esta hoja, es decir, como si se tratara del membrete pero dispuesto en el margen derecho.

Como su nombre indica, la carta de presentación te va a presentar, es el pase inicial a un mayor ahondamiento sobre tu persona, luego lo que se diga y cómo se diga es muy importante. Aquí deben constar, por un lado, datos que posteriormente aparecerán detallados en el currículum, y por otro, información que no aparecerá detallada a continuación por estar en proyecto. En definitiva, hay que mencionar todos aquellos elementos que puedan jugar a nuestro favor ayudándonos a conseguir una entrevista; hemos de lograr que la persona encargada de seleccionar al personal quiera saber más de nosotros, tenemos que interesarle hasta el punto de querer citarnos para una entrevista cara a cara.

Frente a la impersonalidad del currículum, en esta carta hay que tratar de ser personal, único, para ello es aconsejable hablar en primera persona y resaltar el trabajo que nos gustaría desempeñar preferentemente, y eso hay que hacerlo con seguridad, mostrando nuestra valía en ese campo, por lo que no hay que utilizar expresiones como «yo valdría», «serviría para tal puesto» o «me gustaría» sino que hay que expresarse con frases tales como «tengo competencia y formación para trabajar en...» es decir, utilizando expresiones que aporten seguridad en uno mismo pero ¡ojo!, tan malo es el defecto como el exceso. Si uno demuestra timidez o duda pierde aplomo, pero, si por el contrario se muestra demasiado egocéntrico o prepotente, sobre todo si posee corta edad, el resultado puede ser igual de negativo, por lo que es preferible evitar expresiones tales como «soy muy bueno en», «soy especialista», «controlo a la perfección...».

Este escrito debe poseer frases directas y contundentes, hay que transmitir confianza, que el lector sienta curiosidad por nosotros y desee llamarnos, para ello es muy importante resaltar nuestra especialidad, si es pertinente para el trabajo en cuestión, nuestras ganas de trabajar y de aprender, y nuestras preferencias, dejando siempre claro nuestra capacidad de adaptación.

Dicho esto, pasemos a ver dos ejemplos que muestren las pautas que acabamos de citar:

Elisa Pérez Sandoval
Calle del Camino nº 1
28230 Las Rozas
Madrid

Madrid, 18 de junio de 2003

RIENOR
Calle Donoso Cortés, 65
28015 Madrid
España

Muy Srs. Míos:

Me dirijo a ustedes en primer lugar felicitándoles por su página Web que he visitado recientemente. Aquí he podido consultar información sobre su empresa, la labor que hacen y su preocupación por temas medioambientales. Por todo ello, he de mostrar mi interés profesional en las actividades que realizan.

De acuerdo a los estudios que he cursado como Bióloga Ambiental y a la preparación que he recibido, entre mis objetivos estaría el trabajar en alguna actividad relacionada con la prestación de servicios de asesoría y consultoría ambiental e implantación de sistemas de gestión, realización de estudios de planificación y evaluación de impacto ambiental, gestión, uso y estudio de energías alternativas, y control de calidad, entre otros. Sin embargo, cualquier aspecto relacionado con el medio ambiente despierta mi interés y ganas de aprender.

Adjunto les remito mi Currículum Vitae, en el que indico de forma más detallada mis datos personales y académicos.

En el caso de que estén interesados en contar con mis servicios profesionales y deseen mantener una entrevista personal, pueden contactar conmigo en el siguiente teléfono.../ móvil... o a través del correo electrónico:...

Quedo a su entera disposición y, sin otro particular, aprovecho esta oportunidad para saludarles atentamente,

Elisa Pérez Sandoval

Beatriz Roldán Fernández
Calle del Castillo, 6 1º izq
28005 Madrid

Madrid, 13 de octubre de 2003

Colegio Antonio Machado
C/ San Isidro Labrador,17
28005 Madrid

Estimado señor:

Me dirijo a usted con el fin de hacerle llegar mi interés por el centro educativo que están construyendo, así como mi deseo de poder formar parte de su equipo.

Tras concluir mis estudios de Filología Inglesa, considero que mi formación y competencias podrían ser de su interés, pues mi continuada estancia en campamentos de verano en Inglaterra como monitora de tiempo libre me ha enseñado mucho en lo referente al trato humano.

He de hacer hincapié, por un lado, en mis ganas de trabajar, ya que finalizados los estudios universitarios espero la oportunidad que me permita ponerlos en práctica; y por otro, debo remarcar mi predisposición a seguir formándome y aprendiendo.

Si mi candidatura es de su interés, tendría mucho gusto en proporcionarles más información durante una entrevista.

En caso de no existir ningún puesto vacante, les ruego consideren la misma para un futuro.

A la espera de recibir noticias suyas, les saluda atentamente,

Beatriz Roldán Fernández

16. El currículum vitae

La palabra latina currículum vitae traducida literalmente al castellano significa carrera de la vida. Dicha palabra viene recogida y definida en el diccionario de la RAE del siguiente modo: Relación de los títulos, honores, cargos, trabajos realizados, datos biográficos, etc., que califican a una persona. Por el contrario, podemos comprobar cómo la palabra castellanizada currículo ha ganado terreno sobre la anterior para referirse, en definitiva, a lo mismo; pero debemos tener cuidado ya que ambos términos todavía no son considerados plenamente como sinónimos. Para ratificarnos en esta cuestión no hay más que acudir al diccionario de la RAE y leer qué se entiende por curriculo: Plan de estudios. 2. Conjunto de estudios y prácticas destinadas a que el alumno desarrolle plenamente sus posibilidades; y ya en la última definición, es cuando nos enviaría a ver el currículum vitae. Sea como fuere, lo que está claro es que estamos hablando de un documento que se elabora con la intención de mostrar nuestra formación académica y experiencia laboral a las empresas para que, atraídos por nuestros méritos, nos escojan entre el resto de los candidatos para desarrollar un determinado puesto de trabajo.

Una vez aclarada la misión del currículum, debemos detenernos en cómo redactarlo para lograr que cumpla su objetivo. En primer lugar hay que tratar de escribir un currículum breve, uno o dos folios como mucho serán suficientes, ya que, posiblemente, las personas encargadas de llevar a cabo el proceso de selección tendrán que leer muchos currículums y no perderán el tiempo en examinar aquellos que contengan un número elevado de páginas. Por otro lado, que sea breve no implica que sea escaso sino que de lo que se trata es de dejar claro, en un breve espacio, lo más significativo de nuestra formación académica y profesional; por lo que claridad y brevedad serían los dos factores claves a tener presentes en un currículum; pero no son los únicos.

Otro factor muy importante es la precisión, es decir, saber llevar tu currículum por el camino que te piden; para ello habrá que evitar el mencionar todos aquellos méritos que hayamos realizado y que nada tengan que ver con el puesto de trabajo al que vamos a enviarlo. En relación a esto habría que comentar que un mismo modelo de currículum no debe ser enviado a diferentes empresas sino que debemos dedicar algún tiempo a retocarlo para que se adapte a las distintas ofertas de empleo a las que irá dirigido. Esto, por otra parte, está directamente relacionado con el modo en que debemos plasmar nuestras experiencias, procurando ensalzar las virtudes o méritos y tamizando nuestras carencias. Sólo hay que tener un poco de picardía y reflejar aquello que consideramos que los seleccionadores o, como viene siendo habitual en estos casos de selección, los miembros de recursos humanos, desean leer.

No te preocupe perder mucho tiempo en organizar y redactar un currículo, pues esta estrategia de marketing personal puede abrirte las puertas a la entrevista personal que es lo que se pretende.

Existen distintos tipos de currículum vitae: clásico, americano, estándar... pero nosotros nos vamos a fijar únicamente en los más comunes y demandados, y para ello nos centraremos en tres tipos que atienden a la agrupación de los datos: cronológico, cronológico inverso y funcional.

El primero de los tres tipos consiste en disponer la información pertinente según sucedió, es decir, distribuyendo los datos desde su evolución ordinaria en el tiempo; de lo antiguo a lo actual; lo que brindará una imagen clara y lineal de tu trayectoria.

El segundo tipo, como su nombre indica, parte de la información más reciente hasta llegar a los inicios; lo que lleva a mostrar una imagen actual de tu experiencia laboral; se conseguirá con ello que el lector se fije en los últimos años de tu vida y fundamentalmente con ellos valore tus actitudes. Si tienes experiencias laborales recientes o acabas de realizar algún curso importante en relación con el trabajo solicitado este tipo de currículo puede ayudarte; de no ser así es preferible la disposición anterior.

El último tipo sería el funcional, que evitaría la mención de fechas al agrupar la información por temas, así el lector obtendría una imagen global de tu experiencia en distintos campos. Es bastante útil si lo que se pretende es ocultar períodos de inactividad, continuos cambios de empleo...

Una vez comentados los tres posibles tipos de currículum y antes de centrarnos en las partes de que ha de constar, comentemos otros rasgos de importancia: Es indispensable actualizar el currículo con cierta frecuencia, en esta renovación de datos iremos sustituyendo algunos trabajos sin demasiada importancia o repercusión por otros que nos hayan aportado un mayor enriquecimiento.

Hay que procurar elaborar un currículum ordenado donde cada elemento ocupe un lugar apropiado; no olvidemos que lo que se pretende con este escrito es que el lector del mismo fije su atención en él y desee saber más cosas sobre su autor, por tanto una correcta disposición de sus elementos será vital.

Generalmente todos los currículums vienen impresos sobre un papel blanco, por lo que podremos diferenciar el nuestro, de cara a los ojos del lector, utilizando un papel reciclado o en color crema. Siempre deberá ir mecanografiado para que su lectura sea más clara y el aspecto más uniforme. ¡Ojo con las faltas de ortografía!, dan una malísima impresión.

El currículum no debe escribirse en primera persona, sino que debe ser impersonal. La foto es opcional, pero si decides ponerla procura que estés favorecido y que sea una foto cuidada y de carnet.

Salvadas estas advertencias, ya podemos centrarnos de lleno en la estructura que ha de tener un currículum vitae y que es la siguiente:

16.1. Datos personales

En primer lugar deben figurar nuestros datos personales:

Nombre y apellidos. Deben aparecer escritos en su forma completa, sin abreviaturas.

Fecha de nacimiento. Se colocará el día, mes y año separado por barras.

DNI.

Dirección. Has de dar todos tus datos detalladamente; calle, número, piso, letra, urbanización....

Estado civil. Este es un dato que puede beneficiarnos o perjudicarnos según las connotaciones que de él quieran desprenderse, por lo que se puede omitir sin miedo de restar valor informativo al vitae.

Teléfono de contacto. Es conveniente escribir más de uno (fijo y móvil), incluso, para asegurar tu localización, puedes poner al lado las horas en las que se puede contactar contigo sin problemas.

E-mail.

16.2. Titulación

Debes comentar tu máxima titulación complementándola con los datos sobre el lugar donde la cursaste y los años que abarcó. Puedes aprovechar este apartado para incluir algún dato de interés como becas, estudios en el extranjero...

16.3. Realización de cursos y seminarios

En esta información académica complementaria es donde elegirás un orden cronológico o cronológico inverso para estructurar la información adicional. Debes dejar claro el nombre del curso, el centro donde fue impartido, el lugar, la fecha en que lo cursaste, y el número de horas que abarcó. Hay que procurar que toda la información siga la misma disposición, no debes colocar en un curso primero el lugar seguido de la fecha y en otro a la inversa, si eliges un modelo sé consecuente.

16.4. Idiomas

Hay que poner qué idiomas se dominan o conocen y a qué niveles. Lo más corriente es encasillarlos dentro de esta disposición: grado bajo/ medio/ alto, y en sus dos variantes: hablado y escrito. En caso de tener un nivel medio o bajo es preferible no especificarlo. En un currículo no se debe mentir, ya que pueden pedirte que justifiques tus datos, pero lo que sí está permitido es jugar a nuestro favor con los elementos de que disponemos.

16.5. Informática

Se debe indicar si se posee un nivel usuario, profesional o programador, y a continuación, es preciso mencionar todos aquellos programas informáticos sobre los que se tiene conocimiento y uso.

16.6. Experiencia profesional

Se sigue el mismo procedimiento que para los cursos, es decir; se escribe la empresa u organismo para el que se ha trabajado, la función allí ejercida y la fecha de inicio y finalización de ese empleo. Aquí, en caso de no tener demasiada experiencia laboral, pueden ponerse los períodos de prácticas; si se cuenta, por el contrario, con una amplia experiencia laboral hay que seleccionar de entre todos los trabajos que mejor se ajusten a la oferta.

16.7. Datos de interés

Con este apartado se pretende dotar de un mayor peso al escrito, y servirá para equilibrar aquellas partes que se nos hayan quedado más escasas. Pueden incluirse la asistencia a ferias, las colaboraciones, nuestras aficiones... en suma, todo aquello que aporte información interesante sobre nuestra persona orientada al puesto vacante. Puede incluirse, igualmente, la posesión del carnet de conducir.

16.8. Remate final

Puedes incluir la fecha al final con una frase tal como cerrado el día 24 de enero de 2005, pero esto puede ser contraproducente en caso de que hubiera una demora desde la redacción del currículum hasta su envío. El currículo nunca se firma.

Pasemos ya a los ejemplos:

DATOS PERSONALES

Nombre: Sara
Apellidos: González Ramos
Lugar y fecha de nacimiento: Madrid, 24 de Marzo de 1979
Dirección: C./ Peñalara Nº 24, Las Rozas de Madrid (Madrid)
Teléfono: 91-6374678 / Móvil: 676236899
E-mail: sara_gonra@hotmail.com

FORMACIÓN ACADÉMICA

➘ *Licenciatura en Filología Inglesa por la Universidad Complutense de Madrid (1997-2002), con la especialidad intracurricular de Literatura Norteamericana. Habiendo cursado el último año en la Universidad Oxford de Gran Bretaña con motivo de una Beca Erasmus.*

FORMACIÓN COMPLEMENTARIA

➘ *Curso de Inglés nivel avanzado, 50 horas lectivas impartido por el Departamento de Estudios de Inglés Lengua Extranjera (DEILE), de la Universidad de Oxford. Marzo-Mayo 2002.*

➘ *Curso de informática basado en el sistema operativo Windows y paquete integrado Office 2000; 100 horas lectivas, impartido por el Grupo Noroeste S.L. Consulting & Formación. (Concejalía de la Juventud de las Rozas).*

➘ *Realización del C.A.P (Curso de adaptación pedagógica) durante el año académico 2002-2003.*

IDIOMAS

- *Inglés alto hablado y escrito así como en traducción.*

- *Francés: nivel alto hablado y escrito.*

- *Alemán: nivel medio hablado y escrito.*

INFORMÁTICA

- *Manejo de Internet y paquete integrado Office 2000 (Word, Excel, Access).*

EXPERIENCIA LABORAL

ACTUALMENTE:

- *Colaboraciones habituales con la empresa de traducción International world desde el año 2002.*
- *Profesora titular de lengua inglesa en el colegio NEW ENGLISH SCHOOL.*

OTROS DATOS DE INTERES

- *Carnet de conducir B1.*

- *Asistencia al curso de francés y alemán que imparte la Escuela Oficial de Idiomas (año académico 2002-2003, 2003-2004).*

Fijémonos ahora en este otro ejemplo:

DATOS PERSONALES

Nombre y apellidos: Fernando Gutiérrez Peral
Dirección: Calle de la Encina, 32
23045 Madrid
Fecha de nacimiento: 26 de Febrero de 1974
Teléfono: 91 63607457 676459023

FORMACIÓN

➘ *Formación reglada:*
1993-1998. Licenciado en Derecho por la Universidad Complutense de Madrid.

➘ *Cursos y seminarios:*
1999. Curso de Derecho Mercantil. Abogados españoles en colaboración con la Comunidad de Madrid. 120 horas.
2000. Curso sobre el Derecho Penal. Instituto Superior de Derecho. 100 horas.

IDIOMAS

➘ *Inglés: nivel alto hablado y escrito.*

INFORMÁTICA

➘ *Nivel de usuario: Acces, Excel, Internet.*

EXPERIENCIA PROFESIONAL

➘ *2001-2003. Abogado. Asesoramiento y atención a problemáticas judiciales. Bufete de D. Antonio Ramos Prieto. Madrid.*

OTROS DATOS DE INTERÉS

➘ *1998-1999. Periodo de prácticas en el despacho de abogados. Gilting & Rum. Madrid.*

Por último veamos este otro currículo:

DATOS PERSONALES

Nombre: Sonia
Apellidos: Durán Soto
Dirección: c/Alegría, 4. Las Rozas. Madrid
Teléfono: 91 6324537 / 674567980
E-mail: sonidur@Hotmail.com

FORMACIÓN ACADÉMICA

➘ *Licenciada en C.C. Biológicas con la especialidad en Medio Ambiente por la Universidad Autónoma de Madrid (1996-2001).*

FORMACIÓN COMPLEMENTARIA

➘ *Curso sobre Gestión Medioambiental Integrada. Formación de Técnicos/as, 150 horas, organizado por la Consejería de Economía y Empleo de la Comunidad de Madrid. Septiembre-Octubre 2001.*

➘ *Máster en Ecoauditorías y Planificación Empresarial del Medio Ambiente. Impartido por el Instituto de Investigaciones Ecológicas. 700 horas lectivas. Año 2001-2002.*

➘ *Curso de Monitora de Educación Ambiental, 120 horas de duración, organizado por Habedla y Grefa en colaboración con la Comunidad de Madrid y Área de juventud del Ayuntamiento de Majadahonda. Año 2002-2003.*

IDIOMAS

- *Inglés: nivel alto hablado y escrito.*

INFORMÁTICA

- *Manejo de Internet, Excel, Acces, Power Point, World (paquete ofimática) y de programas relacionados con la Gestión Ambiental como el Significance Wizard, Ecomanagement y Ambigest.*

EXPERIENCIA LABORAL

- *Colaboración con la asociación infantil Euroambiente como monitora de educación ambiental.*

- *Prácticas con la empresa Biología Mundial en el Proyecto Aqua, respaldado por el ministerio de Medio Ambiente de la Comunidad de Madrid.*

OTROS DATOS DE INTERÉS

- *Colaboración con la ONG Tierra verde.*

17. Carta rechazando una candidatura

Cuando alguien manda a una empresa su currículum vitae solicitando un puesto de trabajo debe ser contestado porque, como hemos dicho en repetidas ocasiones, la finalidad de toda carta es establecer un vínculo comunicativo y si no se obtiene respuesta difícilmente sabremos si la carta ha sido o no leída.

Este tipo de cartas suelen ser muy breves, y dan pocas explicaciones del motivo por el cual no se ha conseguido el puesto de trabajo solicitado; otra nota común en ellas, es que son muy correctas y aparentan interesarse por los méritos apuntados en el currículum, aún cuando no requieren tus servicios, todo lo cual es una buena estrategia para no dañar la sensibilidad del receptor que ha de recibir un no por respuesta a su solicitud de empleo.

Constructora Eurourbis S.A.

17 de enero 2004
Srta Julia Núñez Pacheco
C/ Camilo José Cela, 45
28220 Aravaca
Madrid

Estimada Señorita Núñez:

Le agradecemos su interés por nuestra empresa, y en contestación a su solicitud de empleo, sólo podemos comunicarle, por el momento, que tomamos buena nota de su interesante ofrecimiento para una futura vacante.

Atentamente,

Constructora Eurourbis
Antonio Gómez
Director Gerente

Una carta de este tipo no debe desanimarnos sino que por el contrario debe darnos ciertos ánimos ya que es un claro indicador de que nuestro currículo vitae no ha caído en saco roto, sino que no sólo lo han leído sino que se han tomado la molestia de respondernos, lo cual ya es un logro.

18. Carta aceptando un ofrecimiento

Efectivamente ésta es una carta de tipo profesional donde dos colegas se ponen de acuerdo para realizar en colaboración un trabajo consistente en la publicación de una serie de libros. La confianza existente entre ambos da como fruto una carta respetuosa pero un tanto informal. Esta carta no posee demasiados datos informativos lo cual se debe a que ambos, emisor y receptor, conocen de qué se está hablando y además deciden dejar para la futura cita, es decir para la entrevista personal, los detalles.

Estimado Señor Ramos:

Le escribo con la intención de hacerle llegar mi resolución en torno a la oferta que usted me hizo el pasado día 5 de marzo.

He estado estudiando su proposición y finalmente he decidido trabajar como coordinador en la serie de libros que piensan publicar el próximo año.

El proyecto me parece muy interesante en líneas generales, pero habría algunos puntos que desearía tratar más detenidamente con usted, como podrían ser algunos de los temas sobre los que van a versar ciertos libros. Por ello, le comunico que la próxima semana, si a usted le parece, me desplazaré hasta Madrid para ultimar detalles.

Atentamente,

Rodrigo Solana

El aceptar un ofrecimiento es la consecuencia del estudio y aceptación de una oferta verbal, no obstante, si se decide escribir una carta para poner por escrito nuestra intención de aceptar una propuesta, podemos aprovechar para matizar ciertos detalles que han quedado en el aire, pero no hay que olvidar que este escrito solo será una comunicación de nuestros propósitos de colaboración, no una lista de intenciones. Ya habrá tiempo en otra ocasión para llegar a los acuerdos.

19. Cartas comerciales

En estos tipos de cartas, la empresa procurará llamar nuestra atención, y para ello usará recursos tales como la colocación de la información estratégica en negrita, las mayúsculas en zonas puntuales... y un lenguaje muy persuasivo acorde con su clara intención comercial. Para procurar mantener a sus socios o captar la atención de los lectores, la empresa se vale de ofertas, premios y demás recursos que aparentan velar por los intereses de los receptores. La amabilidad, seriedad y corrección en el escrito son estrategias claves para lograr los objetivos deseados.

19.1. Ofertas y publicidad

Telefónica
MoviPlus

Madrid, 29 de septiembre de 2003
Emilio Plaza Blanco
AVD Doctor Murcia, 13
28230 Las Rozas De Madrid
Madrid

Estimado Sr. Plaza:

Bienvenido a su primera clase de MoviPlus, el contrato que le proporciona muchas más ventajas.

Desde este momento ya está disfrutando de tarifas más baratas, más flexibilidad y más control en sus llamadas.

Así mismo, ser cliente de un contrato MoviStar le permitirá renovar de forma periódica su móvil con el Programa de Puntos de MoviPlus Super. Para ello sólo tendrá que utilizar su móvil.

Descubra en nuestro curso de iniciación por qué ha hecho la mejor elección, y si desea realizar alguna consulta, no dude en llamarnos gratuitamente al 609 en cualquier momento. O si lo prefiere, visite nuestra web www.moviplus.com

Un cordial saludo,

Gregorio Lopera-Ramos
Director general de Marketing y Ventas

CAJA FÁCIL

Madrid, 31 de diciembre de 2003
Luis Alonso Contreras
C/ Oliva, 12
28056 Pozuelo de Alarcón
Madrid

Estimado Señor Alonso:

PAGAR LAS COMPRAS CON SU VISA ELECTRÓN TIENE REGALO SEGURO.

Ahora es el momento de disfrutar de todas las ventajas exclusivas que le ofrece su Tarjeta Visa Electrón Caja Fácil. Realice con ella cómodamente todas sus compras tanto en España como en el extranjero.

Porque ahora, si factura en comercios entre el 1 de enero y el 31 de marzo, un importe superior a 150 euros, obtendrá de regalo esta magnífica bolsa de deporte de las olimpiadas de Grecia 2004.

(dibujo de la bolsa)

Además, todas sus compras de enero y febrero pueden salirle gratis, ya que sorteamos 50 premios del importe de la facturación mensual en comercios.

Reciba un cordial saludo,

Mauricio Góngora Otegui
Director de Particulares

19.2. Notificación de premio de fidelidad

Estadio Gran Coliseo
Concha Espina, 45
28036 Madrid
(anagrama)
Gran-Madrid club de fútbol

Madrid, 23 de diciembre de 2003
D. Juan López Mora
Rubén Darío 15
25677 Madrid

Estimado socio:

Me es muy grato hacerle llegar la insignia de Plata que le corresponde por su dilatada vinculación como socio de nuestro Club, al haber cumplido 25 años de antigüedad, y que no pudimos entregarle, como hubiera sido nuestro deseo, en el acto que tuvo lugar el pasado 16 de diciembre.

Sin otro particular y en la confianza de poder saludarle personalmente en otra oportunidad, reciba mi más afectuoso saludo,

Rodrigo Reyes
Presidente

19.3. Carta informativa

SANTAMARÍA
Seguros

31 de octubre de 2003
Pedro Gómez Calzada
C/ Constitución,23
25778 Madrid

SEGURO COMBINADO DE ACCESOS Y ACCIDENTES

Estimado Asegurado:

La empresa de Servicios Funerarios proveedora en esa zona nos ha comunicado la variación del precio de los distintos elementos que componen el Servicio que tiene contratado en su Póliza del Seguro Combinado de Decesos y Accidentes, por lo que le informamos de la conveniencia de actualizar su Póliza de acuerdo con el Condicionado General de la misma, para mantener en pleno vigor y actualizado el valor del Servicio y demás Garantías Complementarias contratadas en la misma.

De optar por, mantener su Póliza con el valor anterior, el límite máximo de la prestación a cargo de SANTA MARÍA, S.A., será el importe contratado hasta este momento, siendo por su cuenta la diferencia que hubiera entre ese valor y el precio actual.

Por otra parte, tenemos el agrado de comunicarle que en el deseo de potenciar y adecuar nuestros productos a las necesidades y demandas de la sociedad, le comunicamos que en la Garantía de Santa Lucía Asistencia, se aumentan los límites económicos de las distintas coberturas y se incluyen otras como son la Asistencia Domiciliaria y la Asistencia Jurídica Telefónica

Especializada, cuyas condiciones figuran en el documento adjunto.

Sobre las Garantías contratadas hemos aplicado las Primas autorizadas y los Recargos e impuestos legalmente establecidos.

Nuestro colaborador está a su disposición para ampliarle cuanta información adicional precise, y recoger su aprobación, en su caso, a la nueva situación de la Póliza según figura en el Suplemento adjunto, que tendrá efecto el próximo mes de enero.

Agradeciéndole de antemano la atención prestada a nuestra información, aprovechamos la oportunidad para enviarle un cordial saludo.

FIRMA
Director General

Capítulo VIII

Cartas literarias

Cartas marruecas: José Cadalso

Al hablar de cartas literarias, o de la carta como pretexto para crear una obra, no nos podemos olvidar de José Cadalso (1741-1782), escritor español encuadrado dentro de la prosa del siglo XVIII. Su obras fueron concebidas, en su mayoría, para solventar las necesidades o carencias de la sociedad del momento, y son muy pocas las composiciones que se escapan a este concepto.

Algunas de sus obras más destacadas son, por ejemplo, *Los eruditos a la violeta*, donde se vierte una fuerte crítica sobre todos aquellos que alardean de poseer amplios conocimientos en las tertulias literarias cuando, en realidad, son unos pobres ignorantes; junto a este hecho, pedantería y superficialidad son otros aspectos que también aparecen satirizados. Otras obras a tener en cuenta serían por un lado *Noches Lúgubres* y por otro *Cartas marruecas*, siendo esta última la que realmente nos interesa en este libro. Se dice que dicha obra se nutrió en profundidad de las *Cartas Persianas* de Montesquieu.

Cadalso escribió sus cartas en el período comprendido entre los años 1768-1774, y el resultado de estos años de esfuerzo y dedicación es una obra muy acorde con la tradición literaria unida bajo el título de postura ejemplar. Y nada más esclarecedor en este sentido que las palabras escritas por J.B Huges en su libro *José Cadalso y las Cartas marruecas*: Los dos ingredientes fundamentales de tal tradición son, por un lado, la preocupación personal por España, comprendida ésta en su sentido más amplio, y, por otro, la presentación dramática, afirmativa, como si fuera en contra de algo o de alguien, de una figura humana ejemplar que, enfrentándose con el peligro, a su modo, lo supera, no principalmente por sus acciones, sino por la expresión total de su ser. Tales figuras se asemejan a quien, estando en plena batalla, de algún modo, se separa de ella, y consciente de su valor, lo afirma, perfilándose entero para la posteridad. No importa si son sus personajes o los escritores mismos quienes toman la postura.

En las *Cartas marruecas*, Cadalso trata infinidad de temas muy dispares entre sí. Los tres personajes presentes en el libro: Gazel, Nuño y Ben-Beley, le ayudan a mostrar diferentes puntos de vista sobre un mismo tema. Así, Gazel, joven viajero marroquí venido a España, observa, con la mirada ingenua que le brinda su calidad de extranjero, todo lo que se le presenta a su paso. Por su parte Nuño, tiene como misión ayudar a Gazel a comprender nuestra sociedad, y finalmente, Ben-Beley, hombre sabio y valeroso consejero para con su discípulo, propicia, dada su distancia espacial, una serie de justificaciones en torno a los comentarios de Gazel.

A continuación hemos querido plasmar varios fragmentos sacados de las *Cartas marruecas* y que vienen recogidos en el ya citado libro de Andrés Amorós: *Antología comentada de la literatura española.* Siglo XVIII, y que son los siguientes:

CARTA LXXII, donde se trata el tema de las corridas de toros; observemos el fragmento:

Hoy he asistido, mañana y tarde, a una diversión propiamente nacional de los españoles, que es lo que ellos llaman fiesta o corrida de toros. Ha sido este día asunto de tanta especulación para mí, y tanto el tropel de ideas que me asaltaron a un tiempo, que no sé por cuál empezar ha hacerte la relación de ellas. Nuño aumenta más mi confusión sobre este particular, asegurándome que no hay un autor extranjero que hable de este espectáculo, que no llame bárbara a la nación que aún se complace en asistir a él. Cuando esté mi mente más en equilibrio, sin la agitación que ahora experimento, te escribiré largamente sobre este asunto; sólo te diré que ya no me parecen extrañas las mortandades que sus historias dicen de abuelos nuestros en la batalla de Clavijo, Salado, Navas y otras, si las excitaron hombres ajenos de todo el lujo moderno, austeros en sus costumbres, y que pagan dinero por ver derramar sangre, teniendo esto por diversión dignísima de los primeros nobles. Esta especie de barbaridad los hacía sin duda feroces, pues desde niños se divertían con lo que suele causar desmayos a hombres de mucho valor la primera vez que asisten a este espectáculo.

CARTA LXVIII, en este fragmento veremos como el autor en boca de sus personajes reflexiona sobre la condición humana, y más concretamente sobre la influencia del lujo. Veámoslo:

Examina la historia de todos los pueblos, y sacarás que toda nación se ha establecido por la austeridad de costumbres. En este estado de fuerza se ha aumentado, de este aumento ha venido la abundancia, de esta abundancia se ha producido el lujo, de este lujo se ha seguido la afeminación, de esta afeminación ha nacido la flaqueza, de la flaqueza ha dimanado su ruina. Otros lo habrán dicho antes que yo y mejor que yo; pero no por eso deja de ser verdad y verdad útil, y las verdades útiles están tan lejos de ser repetidas con sobrada frecuencia, que pocas veces llegan a repetirse con la suficiente.

Pepita Jiménez de Juan Valera

Otra obra literaria escrita en forma epistolar es la titulada *Pepita Jiménez* de Juan Valera, escritor muy sobresaliente dentro del Realismo español, el cual siempre se centró más en la estética que en los aspectos puramente moralizantes.

En la primera parte de la obra, Luis de Vargas, seminarista que antes de ordenarse sacerdote ha ido a su pueblo, escribirá desde allí una serie de cartas a su tío donde le transmitirá las impresiones que le trasmite la joven Pepita con cuyo padre desea casarse. Leamos algunos fragmentos de esta obra sacados del libro *Lengua castellana y literatura secundaria*, de Lázaro Carreter, donde se deja traslucir el sentimiento de amor que poco a poco va experimentando el seminarista.

28 de marzo

(...) Hace tres días tuvimos el convite, de que hablé a usted, en casa de Pepita Jiménez. Como esta mujer vive tan retirada, no la conocía hasta el día del convite; me pareció, en efecto, tan bonita como dice la fama (...). Como es posible que sea mi madrastra, la he mirado con detención y me parece una mujer singular, cuyas condiciones morales no atino a determinar con certidumbre (...). Posee una distinción natural, que la levanta y separa de cuanto la rodea.(...) Disimula mucho, a lo que yo presumo, el cuidado que tiene de su persona; no se admiten en ella ni cosméticos ni afeites; pero la blancura de sus manos, las uñas tan bien cuidadas y acicaladas, y todo el aseo y pulcritud con que está vestida, denotan que cuida de estas cosas más de lo que se pudiera creer en una persona que vive en un pueblo y que además dicen que desdeña las vanidades del mundo y solo piensa en las cosas del cielo (...)

(...) En la única cosa que noté por parte de Pepita cierto esmero, en que se apartaba de los usos aldeanos, era en llevar guantes. Se conoce que cuida mucho sus manos y que tal vez pone alguna vanidad en tenerlas muy blancas y bonitas, con uñas lustrosas y sonrosadas. (...) Las manos de esta Pepita, que parecen casi diáfanas como el alabastro, si bien con leves tintas rosadas, (...)

estas manos, digo, de dedos afilados y de simpar corrección de dibujo, parecen el símbolo del imperio mágico (...).

Se diría que cree que los ojos sirven para ver y nada más que para ver. (...) Sus ojos están llenos de caridad y de dulzura. Se posan con afecto en un rayo de luz, en una flor, hasta en cualquier objeto inanimado (...).

14 de abril

(...) Hay sinceridad y candor en Pepita Jiménez. No hay más que verla para creerlo así. Su andar airoso y reposado, su esbelta estatura, lo terso y despejado de su frente, la suave y pura luz de sus miradas, todo se concierta en un ritmo adecuado, todo se une en perfecta armonía, donde no se descubre nota que disuene. (...)

20 de abril

En cuanto a la belleza y donaire corporal de Pepita, crea usted que lo he considerado todo con entera limpieza de pensamiento. (...) A no ponerme en ridículo, cerrando en su presencia los ojos, fuerza es que yo vea y note la hermosura de los suyos, lo blanco, sonrosado y limpio de su tez, la igualdad y el nacarado esmalte de los dientes que descubre a menudo cuando sonríe, la fresca púrpura de sus labios, la serenidad y tersura de su frente, y otros mil atractivos que Dios ha puesto en ella. (...) Ya he dicho a usted en otras cartas que los ojos de Pepita, (...) tienen un mirar tranquilo y honestísimo...

Capítulo IX

Cartas de la Historia

Lucio Anneo Séneca

Séneca nació en Córdoba en el año III d.C. bajo el reinado de Augusto. Siempre trató de adecuar la filosofía a su modo de vida. Sobresalió tanto en la carrera del foro que Calígula, celoso ante tan diestro rival, no pudo evitar materializar su ira en incesantes burlas que crecieron en crueldad hasta desembocar en un deseo de asesinato. Séneca, harto de envidias, decidió centrarse en sus estudios dedicándose por completo a la filosofía, en concreto a la estoica, estudios que le condujeron a abrir una escuela en Roma.

Fue desterrado a Córcega por Claudio a causa de los planes de Mesalina. Cinco años después pudo regresar de su exilio gracias a la mujer de Claudio, Agripina, quien no sólo propició su perdón sino que además le otorgó el cargo de cuestor y cónsul al tiempo que le confió la educación de su hijo Nerón. Años más tarde, Nerón quiso ver muerto a su maestro tras acusarle de la conspiración de Pisón. Séneca se cortó las venas sin el resultado esperado, por lo que se decidió, como medio para alcanzar la muerte, por el veneno, pero tampoco así logró dejar la vida hasta que finalmente se arrojó a un baño de agua caliente. Murió en el año 68 d.C., octavo del reinado de Nerón.

Entre sus obras, hemos creído interesante rescatar las cartas que Séneca envió a Lucilio ya que muestran una sabiduría aplicable incluso a las necesidades de nuestros días. Leamos una de ellas recogida en el libro *Cartas a Lucilio*, cuyo prólogo, traducción del latín y notas se deben a Vicente López Soto:

1.1. Comunidad de intereses es la amistad: XLVIII

1. A la carta que me escribiste mientras ibas de viaje y que tan larga fue como el mismo camino, contestaré después; pues debo retirarme y pensar bien qué puedo aconsejarte. Porque tú mismo, que pides consejo, has pensado durante largo tiempo si lo pedirías; ¿cuánto más debo hacerlo yo, ya que se necesita de más detenimiento para resolver una cuestión que para proponerla? Especialmente cuando a ti te conviene una cosa y a mí otra. –2. ¡De nuevo hablo como Epicuro! Pues a mí me conviene lo mismo que a ti, o no soy amigo tuyo si un asunto cualquiera que a ti te atañe no es también mío. La amistad hace entre los dos una comunidad de todas las cosas; nada próspero o adverso es para uno solo de los dos; vivimos la misma vida. Y no puede vivir feliz aquel que tan sólo mira por sí, el que todo lo convierte para su provecho; si quieres vivir para ti conviene que vivas para otro. –3. Observado con celo y fielmente, este compañerismo nos mezcla a los hombres con los hombres y establece que hay un derecho común del género humano que aprovecha muchísimo también para cultivar aquel compañerismo íntimo de amistad de la cual te hablaba; pues tendrá comunes con el amigo todas las cosas el que tiene muchas cosas con el hombre. –4. ¡Oh Lucilio, el mejor de los hombres!, yo prefiero que me enseñen esos útiles (maestros) qué debo dar al amigo, qué al hombre, a que me enseñen en cuántos sentidos se toma la palabra «amigo» y cuántas muchas cosas significa la palabra «hombre». He aquí que la sabiduría y la ignorancia tienden hacia rutas opuestas; ¿a cuál me acerco?, ¿a cuál de las dos me aconsejas que vaya? Para la primera, el hombre es igual que amigo; para la segunda, amigo no es igual que hombre; aquella (ruta) prepara para sí al amigo; ésta se prepara él para el amigo. Tú me atormen-

tas las palabras y las descomponen en sílabas.-5. En realidad, a menos de que construya unos muy ladinos silogismos y que deduzca una mentira salida de una verdad con una conclusión falsa, no podré separar lo que debe buscarse de lo que debe evitarse. Me avergüenzo de que, ancianos, juguemos en una cosa tan seria.

–6. «El ratón es una sílaba; es así que el ratón roe el queso; luego una sílaba roe el queso». Considera ahora que yo no puedo descifrar eso; ¿qué peligro me amenaza, qué perjuicio, por esa ignorancia? Sin duda, debo temer que algún día tome sílabas en la ratonera o que algún día, si fuera bastante descuidado, un libro roa el queso. A menos quizás que aquel argumento sea más agudo: –«El ratón es una sílaba; es así que una sílaba no roe el queso; luego el ratón no roe el queso». –7 ¡Oh pueriles absurdos!, ¿para esto fruncimos el entrecejo?, ¿para esto dejamos crecer la barba?, ¿es esto lo que enseñamos pensativos y demacrados? ¿Quieres saber qué promete la filosofía al género humano? Consejo. A uno lo llama la muerte, a otro lo maltrata la pobreza, al de más allá lo tortura su propia riqueza o la de otros; éste tiene horror a la mala suerte; aquél desea sustraerse de su prosperidad; a éste le toman a mal los hombres; a aquél, los dioses. –8 ¿Para qué pones frente a mí esas cosas vanas? No ha lugar para las bromas; eres reclamado por los desdichados. Prometiste que auxiliarías a los náufragos, a los cautivos, a los enfermos, a los necesitados, a los que presentan la cabeza al hacha en alto. ¿Hacia dónde te desvías?, ¿qué haces? Este con el que juegas vive atemorizado; socórrele en cualquier circunstancia en que lo agarrote el temor, en los momentos en que se ve amenazado de angustia. En todas partes, todos tienden sus manos a ti, imploran algún auxilio para la vida que pierden o han de perder; en ti tienen puesta su esperanza y fuerza. Piden que los saques de tan gran inquietud; que, dispersos y errantes, les muestres la resplandeciente luz de la

verdad. –9 Diles qué ha hecho necesario la naturaleza, qué superfluo, qué leyes ha dictado fáciles (de sobrellevar), cuán agradable es la vida, cuán desembarazada para los que la siguen, cuán amarga y complicada la de los que dieron más crédito a la opinión que a la naturaleza; si (bien) antes le habrás enseñado las cosas que harían leves parte de sus penas, ¿Qué aminora los deseos de éstos?, ¿qué los atempera? ¡Ojalá tan sólo fuesen inútiles!; perjudican. Te probaré hasta la evidencia, cuando quieras, que el sentido noble se disminuye y se debilita en esas agudezas. –10. Avergüenza decir qué armas preparan a escondidas los que han de luchar contra la fortuna. ¿Se va por aquí al bien supremo? ¿Por ese «o si, o no» de la filosofía y las argucias vergonzosas e infames también a los que colocan en el tablero los edictos? Pues, ¿qué otra cosa hacéis cuando a sabiendas hacéis caer en engaño a aquel a quien interrogáis, que parezca que ha perdido la fórmula? Pero del mismo modo que el pretor los restituye a su situación inicial, así también la filosofía a estos. –11. ¿Por qué os apartáis de los sagrados compromisos y, después de decir con grandilocuencia que habéis de hacer que no deslumbre mis ojos ni el brillo del oro ni menos el resplandor de la espada, que con gran constancia pisotearía lo que todos desean y lo que todos temen, descendéis a los elementos de los gramáticos? ¿Por qué decís «así se sube al cielo»? Porque esto es lo que me promete la filosofía para que me haga igual a Dios; a esto he sido invitado, a esto he venido; cumple la palabra. –12. Cuando puedas, por tanto, mi (querido amigo) Lucilio, apártate de objeciones y prescripciones de los filósofos; a la bondad convienen cosas manifiestas y simples. Aunque quedaran muchos años de vida, deberían administrarse con parquedad, para que fueran suficientes para las cosas necesarias; ahora, ¿qué locura hay en aprender las cosas superfluas en tan grande penuria de tiempo?

Cristóbal Colón

Cristóbal Colón, marino genovés, creyó llegar en 1492 a las Indias tras haber navegado, rumbo al oeste, por una novedosa ruta consistente en atravesar el Atlántico; así, con tres barcos, llegó el 12 de octubre a la isla caribeña de Guanahaní (Bahamas) y exploraron, en busca de riquezas, la isla de Cuba y una isla antillana llamada por los conquistadores La Española; isla que hoy recibe el nombre de Santo Domingo. Colón realizaría otros tres viajes más haciendo uso de la misma ruta; y finalmente murió en 1506 creyendo que las tierras conquistadas eran parte de Asia y no de un nuevo continente; América.

Observemos a continuación un breve fragmento de la carta que escribió D. Cristóbal Colón, Virrey y Almirante de las Indias, a los cristianísimos y muy poderosos Rey y Reina de España, nuestros señores, en que les notifica cuanto le ha acontecido en su viaje, y las tierras, provincias, ciudades, rios y otras cosas maravillosas, y donde hay minas de oro en mucha cantidad, y otras cosas de gran riqueza y valor.

Serenísimos y muy altos y poderosos Príncipes Rey é Reina nuestros Señores: De Cádiz pasé a Canarias en cuatro días, y dende á las indias en diez y seis días, donde escribía. Mi intención era dar prisa a mi viage en cuanto yo tenía los navios buenos, la gente y los bastimentos, y que mi derrota era en la isla de Jamaica; y en la Isla Dominica escribí esto; fasta allí truje el tiempo a pedir por la boca. Esa noche que allí entré fue tormenta, y grande, y me persiguió después siempre. Cuando llegué sobre la española invié el envoltorio de cartas, y á pedir por merced un navio por mis dineros, porque otro que yo llevaba era inavegable y no sufría velas.(...) La tormenta era terrible, y en aquella noche me desmembró los navios: á cada uno llevó por su cabo sin esperanzas, salvo de muerte; cada uno de ellos tenía por cierto que los otros eran perdidos.(...) E torno á los navios que asi me habia llevado la tormenta y dejado á mi solo. Deparómelos nuestro Señor cuanto le plugo.(...) E con esta tormenta, asi á gatas me llegué á Jamaica; allí se mudó de mar alta en calmería y grande corriente, y me llevó fasta el Jardín de la Reina sin ver tierra. De allí, cuando pude, navegué á la tierra firme, adonde me salió el viento y corriente terrible al opósito; combati con ellos sesenta dias, y en fin no le pude ganar mas de 70 leguas. En todo este tiempo no entré en puerto, ni pude, ni me dejó tormenta del cielo, agua y trombones y relámpagos de continuo, que parecia el fin del mundo. Llegué al cabo de Gracias á Dios, y de allí me dio nuestro Señor próspero el viento y corriente (...) Otras tormentas se han visto, mas no durar tanto ni con tanto espanto(...) Yo habia adolecido y llegado fartas veces á la muerte. De una camarilla que yo mandé facer sobre cubierta, mandaba la vía. Mi hermano estaba en el peor navio y mas peligroso (...). Llegué á tierra de Cariay, adonde me detuve á remediar los navíos y bastimentos y dar aliento á la gente, que venia muy enferma. Yo, que, como dije, habia llegado muchas veces a la muerte, alli supe de las minas de oro de la provincia de Ciamba, que yo buscaba. Dos indios me llevaron á Carambaru, adonde la gente anda desnuda y al cuello un espejo de oro; mas no le querian vender ni dar á trueque. Nobráronme muchos lugares en la costa de la mar adonde decian que habia oro y minas; el postrero era Veragua, y lejos de alli obra de 15 leguas; partí con intención de los tentar á todos, y llegado ya el medio supe que habia minas á dos jornadas de andadura (...). En todos estos lugares adonde yo habia estado fallé verdad todo lo que yo habia oido; esto me certificó que es así de la provincia de Ciguare, que según ellos es descrita nueve jornadas de andadura por tierra al Poniente; alli dicen que hay infinito oro, y que traen corales en las cabezas, manillas á los piés y á los brazos dello, y bien gordas, y dél sillas, arcas y mesas las guarnecen y enforran. Tambien dijeron que las mugeres de alli traian collares colgados de la cabeza á las espaldas.(...)

2.1. Real Cédula

Y continuando con el tema de la conquista de América, Real Cédula mandando dar a Américo Vespucio 12.000 maravedís por ayuda de costa. (Arch. De Simancas, libros generales de cédulas, núm 10, fol. 69).

EL REY.- Alonso de Morales, Tesorero de la Serenísima Reina doña Juana, mi muy cara e amada hija: Yo vos mando que de cualesquier maravedís de vuestro cargo deis e paguéis luego a Américo de Espuche, vecino de la cibdad de Sevilla, doce mil maravedís, de que yo le fago merced, para ayuda de su costa, e tomad su carta de pago, con la cual e con esta mi cédula mando que vos sean recebidos en cuenta los dichos doce mil maravedís; e non fagades ende al. Fecha en la cibdad de Toro a once de abril de quinientos cinco años.- YO EL REY.- Por mandado del Rey administrador e gobernador, Gaspar de Gricio.

2.2. Selección de los pasajeros de Indias

Madrid, 3 de octubre de 1539

Don Carlos, etc. Por cuanto por experiencia se ha visto el gran daño e inconveniente que se sigue de pasar a las nuestras Indias hijos de quemados y reconciliados, de judíos y moros nuevamente convertidos, y queriéndolo proveer y remediar para que los dichos inconvenientes cesasen, visto por los del nuestro Consejo de Indias, fue acordado que debíamos mandar esta nuestra carta en la dicha razón, y nos tuvímoslo por bien, por la cual prohibimos, queremos y mandamos que desde el día que esta dicha nuestra carta fuere mostrada y pregonada en las gradas de la ciudad de Sevilla, en adelante, ningún hijo ni nieto de quemado, ni reconciliado, de judío, ni moro, por la Santa Inquisición, ni ningún nuevamente convertido de moro, ni judío pueda pasar ni pase a las dichas nuestras Indias, Islas y Tierra Firme del mar Océano en manera alguna, so pena que por el mismo caso haya perdido y pierda todos sus bienes para nuestra Cámara y Fisco, y sea luego echado de la isla o provincia donde estuviere y hubiere pasado. Y mandamos a nuestros oficiales que residen en la ciudad de Sevilla en la Casa de Contratación de las Indias que tengan muy gran cuidado del cumplimiento y ejecución de lo en nuestra carta contenido, y de no dejar pasar a las dichas nuestras Indias ninguno ni algunos de los dichos hijos, ni nietos de quemados, ni reconciliados de judíos, ni moros, ni de los nuevamente convertidos de moros ni judíos; y si después de pregonada esta dicha nuestra carta, como dicho es, algunos de los susodichos pasaren a las dichas nuestras Indias secreta o escondidamente o sin nuestra licencia expresa ansimismo mandamos a los nuestros presidentes y oidores de las nuestras Audiencias y Chancillerías Reales que residen en las ciudades de Tenuxtitlán-México de la Nueva España y Santo Domingo de la Isla Española y Panamá de la provincia de Tierra Firme, y a cualesquier nuestros gobernadores y justicias de las dichas nuestras Indias que los hagan luego salir de ellas y ejecuten en ellos las dichas penas

Este fragmento ha sido extraído de Richard Konetzke: Colección de documentos para la historia de la formación social de Hispanoamérica, (1953-62). Con este documento lo que se pretendía era vigilar la pureza de la fe en Hispanoamérica, la Corona, como buena defensora del Cristianismo que era, luchaba para evitar que los cristianos se apartaran de la fe católica en las Indias.

Capítulo X

Los textos breves

En torno a este tema, José Antonio de Urbina cita cuatro reglas para que los pequeños mensajes transmitan toda la información que guardan tras de sí sin problemas:

1. No abusar de ellos.
2. Que sea inteligible.
3. Releerlos antes de enviarlos.
4. Que sea comprensible.

Las reglas 2 y 4 son tan parecidas que casi podríamos resumirlas en una sola regla ya que un texto inteligible es aquel que puede ser entendido y por tanto comprendido. Con ello se quiere hacer hincapié en que el acortar el espacio no tiene por qué implicar necesariamente una reducción de la información, ya que si así fuera, estos textos carecerían de razón de ser; si no satisficieran nuestros objetivos no nos servirían, luego lo que realmente se pretende con ellos es que una determinada información llegue condensada pero entera a su receptor; para ello, cada frase debe estar perfectamente medida, calibrada, lo cual resulta a veces algo contradictorio, ya que este tipo de textos son creados, en la mayoría de los casos, con carácter urgente, lo que viene acompañado de una redacción despreocupada y de ahí la importancia de la tercera norma citada por De Urbina.

Si no se dispone de tiempo para pensar en cada una de las frases que se van a plasmar en el papel, es preciso releer lo que se ha escrito de un modo presuroso con el fin de evitar redundancias, errores gramaticales, frases vacías... y, en suma, todo aquello que entorpezca la correcta comprensión del mensaje. En estos casos, lo mejor es releer el texto en voz alta porque al escucharse a uno mismo los fallos se perciben con mayor claridad. Y en lo referente al primer punto, comentar únicamente que lo mejor es escribir un escrito reposadamente, asegurándonos de que está estudiado al milímetro y de que contiene una buena redacción y una correcta disposición de las ideas; pero de no poder ser así siempre podremos contar con esos textos de carácter urgente que, sin andarse con rodeos, exponen directamente el objeto de su creación, la misión para la que han sido redactados.

Hay distintos tipos de textos urgentes; veámoslo:

1. Las notas

Es el que más se asimila a la carta privada puesto que la redacción es más descuidada y se sobreentienden muchas explicaciones conocidas por emisor y receptor:

Mamá:

Me he ido a casa de Pilar, volveré sobre las 8. Si quieres algo llámame al móvil.

Un besito.

Sara

En el ejemplo expuesto, Sara, le comunica a su madre que está en casa de Pilar pero no dice quién es Pilar ni dónde está su casa porque esos son datos ya conocidos por la madre, al igual que el número de teléfono de su hija.

2. Las postales

Una tarjeta postal es un texto breve que tiene la misma función que la carta pero con la ventaja de ser más rápida, es decir, de permitirnos un sustancial ahorro de tiempo dado el reducido espacio de que dispone para plasmar el escrito. En las postales, el texto viene cumplimentado con una fotografía, por lo que esa imagen es no sólo un complemento sino una ampliación de nuestras palabras y un regalo para los ojos del lector que puede disfrutar desde su casa, a pesar de la distancia, del mismo paisaje u objeto del que disfruta el emisor del mensaje.

Una postal sirve para mostrar en pocas líneas que no nos olvidamos de nuestros familiares o amigos durante nuestras vacaciones o viajes y que deseamos que compartan, en la medida de lo posible, algo de lo que estamos viviendo. Por ello, la imagen elegida deberá ir en relación con lo que queramos decir y con la persona a la que vamos a enviar la tarjeta postal.

En este tipo de texto las palabras deben estar medidas pues no hay espacio, basta con ser sincero y espontáneo pero con precaución ya que, por norma general, las postales no suelen llevar sobre, sino únicamente sello, convirtiéndose en un reclamo para los más curiosos aunque, actualmente, mucha gente sigue el mismo procedimiento que con la carta a la hora de enviar sus tarjetas y las introduce en un sobre con el fin de preservar su intimidad, por lo que el sello pasa de estar en la postal a colocarse en el sobre.

3. Tarjetas de felicitación

Nuestro mundo se mueve a un ritmo frenético que nos hace bailar a su son. Pocas veces disponemos del tiempo que desearíamos para poder sentarnos tranquilamente en nuestro escritorio a redactar una hermosa carta de felicitación a un ser allegado; éste es un problema generalizado, por lo que, con el fin de ahorrarnos tiempo y permitirnos quedar bien con nuestros seres queridos, disponemos en ciertos comercios de las conocidas tarjetas de felicitación, las cuales están diseñadas para diversas ocasiones: aniversarios, bodas, nacimientos... Así, en función del acontecimiento a celebrar, escogeremos una u otra felicitación que contendrá un original dibujo con una ocurrente frase en la cara externa y en la interna la réplica a la frase anterior, o simplemente vendrá vacía para que el emisor escriba unas palabras.

La variedad de tarjetas sobre una misma felicitación es ilimitada por lo que deberemos escoger entre aquellas, más o menos humorísticas, que más se acerquen al carácter de nuestro destinatario.

Aunque la tarjeta ya posea en su interior un pequeño texto, siempre es conveniente que aportemos un toque personal, que dediquemos unas frases que completen el mensaje de felicitación para hacerlo más nuestro.

Una fecha en la que proliferan estas tarjetas de felicitación es durante la Navidad. En este tiempo los también llamados christmas, circulan por millares y aquí dejan de convertirse en un texto únicamente privado, ya que no sólo son enviados entre amigos o familiares, como las tarjetas postales, sino que también son enviados por las empresas, adoptando así un cariz comercial.

Veamos algunos ejemplos de los textos contenidos, en primer lugar, por los textos comerciales:

Os deseo
Una Feliz Navidad
Con la esperanza de que 2005
Sea un año de paz,
Prosperidad y solidaridad para tod@s.

Y debajo aparece la firma, el nombre y el cargo. Éste es el contenido de un christma navideño enviado por el ayuntamiento de un municipio de la Comunidad de Madrid donde se observa el empleo de fórmulas preestablecidas con el toque novedoso de la @, que serviría para dar más fuerza a ese deseo de prosperidad en todos los sentidos que esta palabra implicaría. Fijémonos ahora en este otro enviado por una empresa y muy similar al anterior en cuyo interior se lee:

Que el mensaje Navideño
de Paz y Alegría, sea
Motivo de Felicidad en
Esta Pascua y Año Nuevo.

Texto al que sigue una firma del responsable y el anagrama de la empresa.

En este otro enviado por un prestigioso club de fútbol español, se observa el siguiente texto:

Desde el club donde nacen las ilusiones... (texto escrito en la portada y acompañado por el anagrama del club que simula ser una estrella como la que guió a los tres Reyes Magos de Oriente) se pasa al interior y se lee: *queremos desearte que se cumplan todos tus SUEÑOS;* y a pie de página: *Navidad 2004.*

En estas tarjetas puede observarse un cuidado estudio por parte de los publicistas que trabajan al milímetro la frase, la imagen y los colores para crear algo nuevo y sorprendente dentro de las posibilidades que ofrece algo tan trillado como los christmas navideños.

Para ampliar lo comentado, pasaremos a examinar un ejemplo de christma privado que una amiga ha escrito a otra:

Navidad 2004

Querida Sonia:

Que el niño Dios llene tu vida de alegría y de paz.

Que el año 2005 te traiga muchas sorpresas agradables y que consigas todo aquello que deseas.

Con todo mi cariño y el de los míos, tu amiga siempre,

Raquel

Como puede leerse, hay mucho afecto en estas palabras, lo cual no sólo se pone en relevancia por medio de los buenos deseos que espera para su amiga sino, y muy especialmente, por la mención que hace de su familia, que sirve para transmitir al receptor un sentimiento conjunto de unidad y amor.

4. Los anónimos

Se recomienda evitarlos siempre a no ser que sea para realizar un acto caritativo prefiriendo mantener oculta su identidad, de no ser así, un texto anónimo no denota más que cobardía por parte de su emisor, que no se atreve a dar la cara y responder por su escrito. Generalmente en un texto anónimo se esconden amenazas, advertencias..., en suma, una información que desea transmitirse a alguien sin que ese alguien logre averiguar la fuente. Como decimos hay que evitarlos siempre pues no son de fiar al no haber nadie que se haga responsable de los mismos.

5. Los telegramas

El telégrafo es un aparato que, basándose en una red alámbrica, envía mensajes entre dos puntos equidistantes entre sí. Según se explica en el libro de Maria Luisa Suñol Sempere, *Cómo ser secretaria de dirección*, este sistema de comunicación consta de tres elementos básicos: El transmisor o manipular, encargado de cursar el despacho telegráfico o telegrama; el receptor, aparato que lo recibe en destino; y la línea que los enlaza entre sí. Luego, y en consecuencia con lo expuesto, la telegrafía sería el medio de comunicación postal que emplea el telégrafo como elemento motor de la comunicación.

Según lo define Maria Luisa Suñol, «el telégrafo es un sistema de transmisión rápida que funciona por electricidad y que emite unos impulsos de corriente largos o cortos, a voluntad del telegrafista que maniobra el transmisor, equivalente en su concreción gráfica a rayas y puntos». La combinación de esos signos da origen al alfabeto Morse. Los telegramas viajan, por lo tanto, en clave, pero el aparato receptor dispone de un traductor-impresor, al que se le encomienda la tarea de grabar los despachos en caracteres alfabéticos legibles de inmediato.

A la hora de contratar un telegrama existen dos posibilidades a las que el emisor puede acogerse dependiendo de sus necesidades: telegrama urgente o normal; ambos pueden llegar a su destino bien por medio del teléfono, es decir, se notifica telefónicamente el contenido del telegrama al receptor antes de enviárselo por correo, o bien por medio del sistema estipulado con acuse de recibo.

En los telegramas hay que prestar una especial atención al contenido, pues la eliminación de conjunciones y ese afán por conseguir una extremada brevedad puede acabar conduciéndonos a la total incomprensión del mensaje o, cuando menos, a la equivocación en la interpretación. Muchas veces es preferible extenderse un poco más que el caer en errores tan comunes como estos.

Un telegrama se puede redactar en un impreso de tipo oficial, donde se deberá dejar constancia de los datos personales de emisor y receptor: nombre, apellido y dirección de ambas partes, o, por el contrario, puede contratarse por teléfono, lo que supondría la ventaja de ahorrarse el acudir a las oficinas de telégrafo. En este último caso, el pago se efectúa varias semanas después por medio del llamado cobro a domicilio. Si se desea encargar por teléfono debemos cerciorarnos de que el encargado en cuestión ha anotado correctamente la dirección y el mensaje haciéndole que nos lo repita; así evitaremos malentendidos.

En nuestro país, el uso del telegrama está prácticamente extinguido en la actualidad, aunque todavía existen zonas donde continúa vigente. Veamos algún ejemplo de este tipo de mensajes breves:

TODO BIEN, NIÑO.

SALUDOS, PACO

Éste sería el telegrama que podría enviar un hombre a sus familiares ausentes para anunciarles que su mujer acaba de dar a luz a un niño en un parto sin complicaciones. Este mensaje redactado de un modo más extenso sería algo así:

EL PARTO HA IDO BIEN, HA SIDO NIÑO.

SALUDOS, PACO

El primer ejemplo sólo utiliza cinco palabras mientras que el segundo utiliza once para decir lo mismo, lo que supone un aumento innecesario en el precio a pagar por el telegrama.

6. Tarjetas de visita

Su misión es múltiple; entre otras estaría la de darse a conocer, bien a título personal, bien profesional; pero también sirve para ejercer actos sociales tales como la felicitación, invitación o pésame. Su formato suele ser el de una pequeña cartulina recortada en forma de rectángulo. Si es de tipo comercial llevará el anagrama de la empresa, la dirección, el número o números (fijos y móviles) y la página web si la tuviera. Si es privada el nombre del interesado junto con su dirección, teléfono y e-mail bastará, aunque si la utiliza para prestar algún tipo de servicio puede imprimir algún dibujo que haga alusión a su actividad o bien el nombre del trabajo que desempeña: masajista, arquitecto... El color es generalmente blanco aunque puede variar en función de los gustos; se suelen evitar los colores disonantes.

Suponiendo que las tarjetas se hagan conjuntas como, por ejemplo, en el caso de los matrimonios, aparecerán los nombres y apellidos de los cónyuges sin su categoría profesional que sólo se pondrá, como venimos diciendo, cuando la tarjeta se destine a fines profesionales. Estas tarjetas de visita sin mención profesional se utilizarán, acompañadas de la rúbrica y una pequeña frase, para realizar y agradecer regalos de boda, para comunicar posibles cambios domiciliarios, invitaciones... Cuando se trata de agradecer los regalos de boda, De Urbina da ciertos trucos para que esta ardua labor que ha de realizarse después del viaje de novios no se haga tan pesada.

Según el mencionado autor, los regalos con los que nos obsequian en un acontecimiento de este tipo se suelen dividir en cuatro categorías: muy buenos, buenos, regulares y malos, por lo que es aconsejables en los meses previos al enlace, que los novios redacten unas frases de agradecimiento que se adecuen a cada tipo de regalo, con el fin de que llegado el momento puedan plasmar en una tarjeta de visita uno u otro modelo acompañado de la rúbrica de ambos, la cual servirá para dar un toque personal, personalización a la que también puede llegarse cambiando algún detalle del dicho modelo como el encabezamiento, incorporando los nombres propios de los receptores... Sobre los textos de agradecimiento no hay reglas, cada uno escribirá a sus invitados lo que considere, siempre en un tono educado y de forma manuscrita.

Antiguamente, la tarjeta de visita tenía una función primordial que hoy está prácticamente extinguida; la de dar el pésame. En los fallecimientos, las tarjetas eran depositadas sobre una bandeja con un pañuelo negro que se encargaba de colocar el portero de la finca; y, en sentimiento de pésame, se plegaba uno de los bordes de la misma. Hoy en día, la familia del fallecido puede enviarlas para agradecer el que le hayan acompañado en esos duros momentos, pudiendo leerse lo siguiente en la tarjeta:

La familia González-Cava

Agradece las muestras de condolencia y cariño
Con las que nos habéis acompañado por el
Fallecimiento de nuestra madre.

Madrid, Abril 2003

Ésta es un tipo de tarjeta creada para una ocasión en concreto por lo que será distinta de las comunes, anteriormente comentadas, limitándose a mencionar el nombre de la familia, sin dirección, teléfono... Se enviará en un sobre en blanco con la dirección del receptor copiada a mano.

Veamos ahora otros ejemplos que sí hagan mención a lo expuesto como tópico general:

6.1. Tarjeta privada pero con uso laboral

Mª Esperanza Mélida Suarez
Decoradora

Ardemans, 28
Teléf 91248 17 23 *28028 Madrid*
696171411

6.2. Tarjetas comerciales

Efesia colegio

Gonzalo Pérez Castro
Director General

Goperez@hotmail.com
Concha Espina 12
tels 915893243/45 Fax 914333261- 28002 Madrid

TRATTORIA
REMO
PIZZERÍA

Leonardo y Martina

C/Río,4	*teléfono: 916361211*
28230 Las Rozas	*E-mail:*
(Madrid)	*leonardo-remo@hotmail.com*

Como se observa no hay una fórmula fija para este tipo de visitas, cada uno ordena sus componentes de la forma que le parece, eso sí la dirección y el teléfono van siempre al final.

7. Los Recordatorios

Son los textos breves que se entregan en los bautizos y comuniones para preservar en la memoria de los asistentes dicho acontecimiento religioso. En ellos, junto a una imagen religiosa o bien una fotografía del niño se escriben sus nombres y apellidos así como el día y año del acontecimiento y el lugar donde se celebró. Su formato es variado, hay quienes escogen un tríptico, pero más comúnmente se utilizan tarjetillas rectangulares, nunca superiores a la mitad de un folio, y dispuestas verticalmente. Los colores escogidos son cálidos, preferiblemente el blanco, como símbolo de pureza, o el crema. Observemos el siguiente ejemplo de un recordatorio referente a la primera comunión:

Francisco J. Fernández Pérez
Recibí mi
Primera Comunión
el día 18 de mayo de 1993
en la Iglesia Parroquial de
San Miguel Arcángel de
Las Rozas (Madrid)

Otro tipo de recordatorios son los entregados tras un fallecimiento, los cuales contienen una oración para rezar por el alma del difunto. Suele tener la disposición de un folio plegado pero más pequeño, en la cara externa hay una imagen religiosa, y en las internas se lee lo siguiente:

Rogad a Dios en caridad
por el alma de
Dª CONCEPCIÓN VÁZQUEZ GÓMEZ
que falleció
el día 19 de febrero de 1993
a los 83 años de edad

Habiendo recibido los
Santos Sacramentos
D.E.P.

Sus hijos, nietos y demás familia.
Ruegan una oración por su alma.

Este texto es lo que encontramos en la cara izquierda del interior del recordatorio, por el contrario en la derecha leemos:

JACULATORIA

No lloréis por mí, yo voy al Señor, voy a esperar en la Gloria; yo muero, pero mi amor no muere; yo os amaré en el cielo como os he amado en la tierra. No os dejéis abatir por la pena, queridos míos. Mirad más bien la vida que ahora empiezo y no la que he concluido. (San Agustín)

Acordaos de mí cuando oréis, vosotros los que fuisteis mis amigos.

ORACIÓN

Dios te salve flor hermosa, del Jardín
Carmelitano, llena de gracia, el Señor es
Contigo, tu gracia sea con tu humilde
Sierva CONCEPCIÓN *por quien os rogamos*
Bendita eres entre todas las mujeres,
Santísima Virgen del Santo Escapulario
Y alcanzadle el perdón de todas sus
Culpas, y suba su alma, si detenida
Está en el purgatorio, a reinar con Jesús
Y con Vos, en Gloria Celestial. –Amén

Ejercicios

1. Imagina que eres el director general de una importante empresa y por Navidad deseas enviar un christma felicitando las fiestas a tus clientes. Piensa en el anagrama de la empresa y conjúgalo con una ocurrente frase donde tu felicitación adquiera un toque personal y diferente al de las miles escritas por esas fechas.

2. Escribe un christma de Navidad a un familiar que no ves desde hace tiempo pero al que te une una estrecha relación.

3. Escribe una postal a un amigo simulando que te encuentras haciendo un crucero por el Nilo o por cualquier lugar exótico que escojas.

4. Imagina que has realizado un viaje complicado, dadas las adversidades climatológicas, al norte de España. Con tu partida, tus padres se han quedado muy inquietos. Simula escribirles un telegrama en el que les cuentes que el viaje se ha realizado sin problemas.

5. Piensa en una frase ocurrente que pondrías en la contraportada y portada de una tarjeta de felicitación ante un motivo cualquiera: cumpleaños, aniversario, boda, nacimiento...

1.

En el primero de los ejercicios, podríamos suponer que la empresa se llamara ESTRELLA ILUMINA, y que, por lo tanto fuera una empresa de lámparas, luego el anagrama podría ser un sol, una llama...Una frase ocurrente para felicitar las Navidades, suponiendo que tú fueses el director general de esta empresa, podría ser así: *Esta año que entra déjate guiar por LA ESTRELLA, pondremos luz en tu vida. Feliz Navidad.*

2.

En el segundo ejercicio se nos pide que escribamos una felicitación de Navidad a un ser querido, luego debe ser un escrito sentido:

Querida Margarita:

Hace mucho tiempo que no nos vemos, pero siempre te tengo presente en mi corazón, y más en estas fechas donde el nacimiento del niño Dios llena nuestros corazones. Te deseo todo lo mejor en este nuevo año, que tú y los tuyos sigáis disfrutando de salud y amor.

Espero que pronto nos veamos. Un abrazo,

Carmen

3.

En este ejercicio debes escribir una postal, como sabes el espacio es breve pero la información queda completada con el dibujo de la postal:

Querida Lucrecia:

Lo que ves en la foto no es capaz de describir ni la mitad de lo que estoy viviendo. Esto es increíble. Me he bañado en las cascadas de la foto y he subido a pie por las montañas que ves al fondo, ¡Es increíble!

Vuelvo a finales de julio, ya quedaremos y te enseñaré las fotos. Un beso,

Alicia

4.

En el cuarto ejercicio te piden que escribas un telegrama; éste podría ser un ejemplo:

VIAJE BIEN, HE LLEGADO.

BESOS, LUCÍA

5.

El quinto y último ejercicio te pide una frase ocurrente como podría ser ésta empleada para felicitar un cumpleaños:

En la parte exterior: Felicidades porque has cumplido un año más...

En la parte interior: Y sigues sin necesitar ningún retoque de cirugía estética.

Capítulo XI

El periodismo

1. La nota de prensa

En una nota de prensa lo que se pretende es transmitir un acontecimiento de forma objetiva, clara y breve. La noticia viene redactada por una entidad o agencia de noticias para que el periodista valore su interés y pueda ampliar la información, si así lo desea, marcando el número de teléfono que figura en la parte inferior de la hoja o al final del escrito. Luego está destinada a los periodistas que tras adaptarla la difundirán al gran público a través de los diferentes medios de comunicación.

Completemos esta información con las palabras recogidas en el libro de Antonio Sánchez-Bravo:

«En los diarios, agencias de noticias, radioemisoras, estaciones de televisión y escuelas o Facultades de Periodismo, suele utilizarse lo que se denomina Libro de Estilo. En este caso el estilo corresponde a una exigencia de los redactores para alcanzar cierta uniformidad formal en la producción de los textos. Estas exigencias estilísticas de los medios de comunicación están determinadas por la necesidad de ahorrar espacio y de uniformar la expresión. La mayoría de los libros de estilo incluyen normas acerca de la preparación y presentación de los originales, ortografía, puntuación, uso de mayúsculas, abreviaturas, ordinales, etc.».

Pasemos ahora a mostrar un ejemplo correspondiente a una nota de prensa enviada por la Guardia Civil a una emisora de radio local (Radio Las Rozas):

RESCATADAS DOS PERSONAS
EN LA SIERRA

• En la primera intervención fue auxiliada una joven que resbaló a causa del hielo.

• Un varón de 22 años sufrió un accidente al chocar contra un árbol cuando se deslizaba con un plástico.

A lo largo de la tarde de hoy, agentes pertenecientes al Servicio de Rescate en Montaña de la Guardia Civil, destacados en Navacerrada, han procedido al rescate y posterior evacuación de dos personas que sufrieron sendos accidentes en la sierra.

El primero de ellos tenía lugar cerca de las tres de la tarde, cuando la Central Operativa en Servicio activaba al Servicio de Rescate en Montaña, nada más tenerse conocimiento que una joven había sufrido un accidente cuando realizaba una travesía a pie por el camino Smith.

La mujer, una joven de 27 años domiciliada en Leganés, fue localizada en la vertiente segoviana y tuvo que ser evacuada en una camilla percha de la Guardia Civil, hasta una ambulancia de la Cruz Roja, que la trasladó hasta el hospital de El Escorial.

Sobre las 18:00 horas, la Guardia Civil rescataba a un joven de 22 años, que se estaba deslizando en plástico por la pradera Navalusilla y que había impactado contra un árbol, sufriendo fuertes dolores en una pierna y en la zona cervical, procediendo en esos momentos a su inmovilización y traslado en una camilla percha hasta una ambulancia de la Cruz Roja que lo trasladó al hospital anteriormente mencionado.

Un amigo del accidentado alertó a la Guardia Civil del suceso.

Para más información pueden ponerse en contacto con la Oficina de Prensa de la Comandancia de la Guardia Civil de Madrid.

Y a continuación se cita el municipio donde se encuentra la fuente informante de la noticia y la fecha exacta. Al final de la nota te facilitan el teléfono, fax y e-mail donde puedes ampliar información. Estas notas de la Guardia Civil tienen su particular disposición; a la izquierda de cada una de las hojas y ocupando todo su largo, viene escrito en vertical, y mayúsculas, el nombre del cuerpo responsable de la noticia (Guardia Civil); así mismo, en la parte superior de cada folio se lee: Ministerio del Interior, el escudo de la Guardia Civil. Estos títulos pueden ir en color.

2. La noticia

Tal y como figura en el libro *Manual de estructura de la información* de Antonio Sánchez-Bravo Cenjor: «la noticia ha sido el modo corriente de transmisión de la experiencia, es decir, la articulación simbólica que transporta la realidad consciente del hecho a aquella o aquellas personas que no lo presenciaron».

Las noticias eran, hasta la revolución industrial, relatos manufacturados de acontecimientos importantes para el comercio y los medios políticos. Y, posteriormente, con la conquista del gran público, pasaron a ser artículos de consumo embalados y terminados como técnicas de marketing.

La noticia incorporaba, en su elaboración o etapa de información, creencias y perspectivas individuales. (Eso al principio, en la era artesanal de la noticia). En los medios de comunicación social actuales se tiende, por influencia anglosajona y norteamericana, a producir la noticia de forma impersonal (objetiva), de tal manera que se eliminen las creencias y perspectivas. Lo cual no excluye, ni mucho menos, los prejuicios, símbolos y puntos de vista del grupo social dominante.

Pasemos, a continuación, a observar ciertas definiciones sobre la noticia que aparecen recogidas en el libro que acabamos de citar y que nos darán pie a introducirnos de lleno en las características propias de este tipo de escrito:

➘ *Si un perro muerde a un hombre, no es noticia, pero si un hombtre muerde a un perro sí lo es (Amus Cummings).*

➘ *Es algo que no sabía antes (Turner Catledge).*

➘ *Es un retazo de lo social que vuelve a lo social (Bernard Voyenne).*

➘ *Es una compilación de hechos y sucesos de interés o importancia para los lectores del diario que lo publica (Neil MacNeil).*

➘ *Es todo lo que el público necesita saber, todo aquello de lo que el público desea hablar; cuanto más comentario suscite mayor será su valor. Es, por otra parte, la comprensión exacta y oportuna de los acontecimientos, descubrimientos, opiniones y asuntos que interesan a los lectores o, también, los hechos esenciales de todo lo que acontece (suceso o idea que tiene interés humano) (Colliers Weekly).*

La noticia, como texto narrativo-periodístico escrito para satisfacer la necesidad de información de un lector medianamente formado, debe ser breve, así mismo, se entiende que debe responder a las siguientes preguntas: quién es el protagonista de la dicha noticia / qué ha pasado / cuándo y dónde /, y en ciertas ocasiones la pregunta por qué, también viene contemplada. Pero lo que realmente exige la noticia son estos puntos clave; objetividad, claridad para poder ser accesible a un público variado, brevedad y expresión concisa. A este respecto, en el libro *Curso general de redacción periodística* de José Luis Martínez Albertos puede leerse la síntesis hecha por el profesor Dovifat, en la que figuran las notas características del estilo informativo, y una posterior reflexión del autor del citado libro. Veámoslo:

«El lenguaje de la noticia –dice– requiere tres cosas: concisión, claridad y una construcción que capte la atención».

Esta fórmula del profesor Dovifat, (...) coincide en líneas generales con los objetivos que el profesor Lázaro Carreter señala como meta genérica de todo escritor, de acuerdo con el esquema tradicional de las enseñanzas prácticas acerca del arte de escribir englobadas dentro de la elocución. (...) estos objetivos son: naturalidad, claridad y concisión.

La noticia debe tratar, así mismo, de hechos actuales. Una parte muy importante de la noticia es el lead, o primer párrafo, que vendría a ser como explica Antonio Sánchez-Bravo, «el relato sumario y, particularmente ordenado del hecho más interesante de una serie, y no de un resumen de la noticia completa».

Con respecto a las formas de expresión, predominan la exposición, que consiste en una presentación de ideas, la descripción, donde se detallan ambientes, formas de vida..., y la narración, bajo la que se relatan sucesos. En torno a este aspecto, comenta en su libro lo siguiente:

«Los textos noticiosos son narrativos o expositivos /...)». Los textos de estructura narrativa son aquellos que se organizan a partir de secuencias de acontecimientos, que se relacionan entre sí temporalmente. La realidad consecutiva se detalla en el interior de la secuencia.

Por el contrario, el texto expositivo, no se organiza, en su aspecto central, en torno a secuencias de acontecimientos sucesivos, con lapsos entre secuencias. La organización es predominantemente atemporal, en el sentido de que destruye la temporalidad de los acontecimientos: redundante y articulada mediante una lógica de exclusión, inclusión, complementariedad, en definitiva, pertinencia.

Luego son todos los aspectos citados los que debemos tener muy presentes si deseamos que nuestra noticia cumpla con su función comunicativa.

Fijémonos en los siguiente ejemplos, los cuales son unos teletipos, es decir, unas noticias difundidas a los medios de comunicación que están abonados a este servicio, los cuales, leída la información, decidirán, en función de la línea editorial del medio, si es o no válida para ser publicada:

Un camión cargado con 13.000 litros de combustible vuelca en la N-435 en el Parque Natural de la Sierra, en Huelva

Un camión, que transportaba 1.000 litros de gasolina y 12.000 de gasoil, que circulaba por la carretera N-435 dirección Badajoz volcó hoy a las 08:00 horas en el kilómetro 108 de la vía en el Parque Natural Sierra de Aracena y Picos de Aroche, concretamente en el término municipal de Cumbres de Enmedio (Huelva).

Técnicos del Servicio de Emergencia 112 en Huelva se han desplazado a la zona del siniestro, en el que no ha habido que lamentar daños personales. El camión, que pertenece a la empresa transportista Ditransa, había cargado en Huelva y parte de su combustible se ha vertido en la carretera, aunque éste ha sido controlado con espumógeno por los bomberos en Consorcio Provincial Contraincendios y Salvamento.

Además, según informó el Servicio de Emergencias 112 de Andalucía, se ha procedido a cortar el tráfico porque el camión dificultaba la circulación por la vía.

En las próximas horas, cuando el vehículo sea retirado, la carretera se abrirá al tráfico en el momento en que lo determine la Guardia Civil.

Al lugar de los hechos se ha desplazado el personal del 112, efectivos de la Guardia Civil, bomberos del Consorcio y técnicos de Medio Ambiente y de Protección Civil. Los técnicos evaluarán el impacto ambiental sobre la zona si éste se produce.

Observemos más ejemplos en torno al texto conocido como noticia:

JJ.OO.- Ruiz Gallardón presenta hoy a Aznar el cuestionario de la candidatura de Madrid 2012

El alcalde de Madrid, Alberto Ruíz Gallardón, acompañado de los patronos de la Fundación Madrid 2012, presentará hoy, viernes, al presidente del Gobierno, José María Aznar, el cuestionario de la candidatura de la Capital a los Juegos Olímpicos de 2012 durante un acto que se celebrará a las 12:30 horas en el Palacio de la Moncloa.

Las ciudades candidatas a organizar los Juegos Olímpicos de 2012 han tenido que presentar al Comité Olímpico Internacional (COI) el cuestionario de su candidatura, redactado en dos idiomas, para poder optar a acoger dicho evento.

Además de la ciudad de Madrid, han cumplido con este trámite Nueva York, París, Londres, Moscú, Leipzig, Río de Janeiro, La Habana y Estambúl.

En el caso de Madrid, representantes de las candidaturas presentaron el pasado miércoles, en la sede del COI, en Lausana (Suiza), el cuestionario de la candidatura, donde se responde a las 25 preguntas que exige el máximo organismo olímpico a las ciudades candidatas.

Como ha quedado dicho, ambas noticias son de rabiosa actualidad, están escritas en el mismo día en que se han producido o se van a producir los hechos que relatan, por tanto el tiempo verbal escogido es el presente o el pasado que indica que el hecho acaba de ocurrir. Pasado un tiempo estas notas pierden su valor, ya que dejan de ser actualidad.

3. Convocatoria de prensa, previsiones o cita con los medios de comunicación

En definitiva la misión de estos escritos es citar a sus lectores, generalmente periodistas, a un evento noticiable. Y para ello se informa de manera clara y breve del acontecimiento que se va a celebrar, la hora, el lugar y otros detalles de interés como su finalidad, la asistencia de personalidades... Está redactado por la unidad de prensa responsable.

El lunes, a las 13:00 horas, en el Palacio del Infante Don Luis de Boadilla

EL ALCALDE FIRMA UN PROTOCOLO PARA LA CREACIÓN DE UNA MESA DE TRABAJO QUE ESTUDIE LA AMPLIACIÓN DEL CAMPO DE GOLF DE MAJADAHONDA.

Junto a Jesús Sepúlveda, alcalde de Pozuelo de Alarcón, y Guillermo Ortega, alcalde de Majadahonda.

Arturo González Panero, alcalde de Boadilla del Monte, Guillermo Ortega, alcalde de Majadahonda, y Jesús Sepúlveda, alcalde de Pozuelo de Alarcón, firman el próximo lunes un protocolo de intenciones para la creación de una mesa de trabajo que estudie la constitución de un consorcio, que estudie la ampliación del campo de golf de Majadahonda mediante la ampliación de la concesión actual.

Los medios de comunicación están invitados a la rueda de prensa conjunta que tendrá lugar el próximo lunes, 5 de enero, a las 13:00 horas en el Palacio del Infante Don Luis de Boadilla del Monte.

Capítulo XII

El texto publicitario

Este tipo de textos, se crean con la intención de influenciar el consumo de bienes y servicios; para ello, el texto se dispone de forma atractiva intentando captar la atención del lector por medio de mecanismos tales como los psicológicos e idiomáticos ambos tremendamente efectivos a la hora de lograr la persuasión.

Las frases son generalmente cortas e impactantes, muy ajustadas a la intención del mensaje. Se busca exactitud y claridad para que, con una simple mirada, el lector comprenda de qué producto le habla el texto; escrito que aparecerá siempre complementado con una imagen. Ambas partes están estrechamente relacionadas, hay una fuerte unión entre lo que se oferta y la manera en que se oferta.

El tiempo verbal escogido para los anuncios será el imperativo o el subjuntivo en la función del modo anterior pues permitirá así cubrir la segunda persona de cortesía.

En definitiva, estos textos suelen constar de las siguientes partes:

- Un elemento iconográfico.
- Un titular.
- Un texto.
- El logotipo de una empresa.

Veamos un primer ejemplo sacado del libro de Miguel Láinez *Selectividad lengua. Orientaciones para las pruebas de 1994*:

LE COMPRAMOS SU MALA SUERTE

Un empresario no puede permitirse tener mala suerte.

De un empresario dependen personas, valores y empresas que han depositado su confianza en él, y a las que no puede defraudar. Por eso, los mejores empresarios son grandes vendedores. Y lo primero que venden es su mala suerte.

Y también por eso, Allianz-RAS se la compra. Toda. Por ello hemos creado un producto con una cobertura tan racional, un producto diseñado tan a la medida de su empresa, que no deja lugar para la mala suerte.

Véndanos su mala suerte.

Cuando se la haya quitado de encima, verá que se siente mucho más ligero, que le es más fácil tomar decisiones, verá cómo sus preocupaciones se reducen a hacer lo que usted mejor sabe hacer: dirigir su empresa.

Si desea más información, póngase en contacto con su Agente de Seguros. Le informará de todas las ventajas que tiene para Usted nuestro seguro Multirriesgo Empresarial.

Allianz RAS
Grupo Allianz. Número Uno de Europa.

Como se ha podido observar, el texto, en boca de la empresa Allianz RAS, informa a sus lectores de la existencia de un seguro ventajoso con el fin de que el receptor se interese por la oferta y desee contratar una póliza. Pero veamos más ejemplos y observemos las tácticas utilizadas para atraer a los lectores:

En el siguiente ejemplo, lo primero que vamos a encontrar es el logotipo de la empresa en el margen izquierdo, y pegado a él, pero un poco más a la derecha puede leerse: MÉDICOS. Este encabezamiento viene seguido por el presente texto:

SIN Límites

Con una simple llamada puedes contribuir a mejorar la precaria situación en la que viven millones de refugiados y desplazados internos en todo el mundo.

Hazte socio de Médicos Sin Fronteras y con tus aportaciones podremos ayudar a los que se han visto obligados a dejar sus tierras y sus casas a causa de conflictos armados o de intereses políticos y económicos. Por ejemplo, con 10 euros al mes podremos enviar un exit de cloración para que 3.000 personas tengan agua potable.

Hazte Socio. Tu compromiso es la mejor ayuda.

En este anuncio intentan sensibilizarte, pretenden hacerte ver que con una mínima ayuda monetaria, que para ti no supone ningún esfuerzo, puedes ayudar a muchas personas; luego éste es un anuncio donde se valen de recursos psicológicos para conseguir que te comprometas.

CÓMPRATE AHORA UN RÁPIDO Y
NO PAGUES
HASTA JUNIO

y además si vienes a probar cualquier modelo
participarás en un sorteo para asistir a la
final de la UEFA CHAMPIOS LEAGUE

A continuación aparece una foto de los modelos de esa marca de coches con la mencionada oferta, y el texto continúa así:

Ven a la Champions Rápido, ganarás seguro.

¡Sólo hasta el 29 de Febrero!

Información y prueba:www.rápido.es o 901444 444

Y culminaría con la frase: *Preparados para disfrutar. Hechos para durar,* más el anagrama.

Como se observa, en este anuncio se conjugan dos productos muy atractivos socialmente: coches y fútbol, sobre todo entre el género masculino. Lo que se pretende es despertar tu deseo de comprar uno de sus coches, y para ello te ofrecen una prueba en la que se supone sales beneficiado ya que puedes ir a probar el vehículo sin compromiso y además, sólo por el hecho de hacerlo puedes ganar una entrada para la final de la UEFA Champions League. A esto se le suma las facilidades que te ofrecen al no tener que pagar el coche que compres hasta junio.

Toda la oferta parece presentar únicamente ventajas, y por ello presionan al lector para que se aventure a comprar el coche lo antes posible, advirtiéndole de que la fabulosa oferta de la que hablan caduca en menos de un mes.

Evidentemente si deseas comprar un coche es una oferta tentadora, y el simple hecho de acercarte al concesionario a probarlo puede traer como consecuencia la compra del mismo.

Otro tipo de anuncios son los que ofertan empleo:

Empresa de moda en Cádiz, precisa dependientas/es y encargadas. Interesados enviar currículum vitae al nº de fax:950349088.

Los anuncios de ofertas de empleo generalmente no necesitan ningún mecanismo especial para llamar la atención de los lectores ya que el paro existente propicia que las ofertas se vean rápidamente cubiertas. En todo caso este tipo de ofertas utilizan, para captar el interés de sus lectores, el ofrecimiento de un buen cargo con posibilidades de ascenso o acreditan estar bien remuneradas

Cuando un anuncio de este tipo llama nuestra atención debemos probar a enviar nuestro currículum, cuya manera de expresarlo ya quedó expuesta en otro capítulo; pero en referencia al currículum debemos apuntar además que en los procesadores de texto (Word) hay una serie de asistentes que te prestan ayuda para que puedas redactar cualquier tipo de carta y en especial un currículum vitae. Basarse en este tipo de ayuda puede sacarnos de un apuro si no precisamos de demasiado tiempo, pero mucho cuidado con abusar de ellos pues son plantillas que, para que adquieran ese toque personal y exclusivo, habrá que retocarlas borrando o ampliando ciertos datos, por lo que no es suficiente con rellenar únicamente lo que nos pide.

En contestación a un anuncio que oferta trabajo se puede mandar una carta de presentación que apoye nuestra buena disposición para ese trabajo en concreto; pero mucho cuidado con este tipo de anuncios que te remiten a un número de teléfono, porque es posible que no sean más que trampas, cuyo fin es enriquecerse a costa de acumular llamadas.

1. Las esquelas

Con respecto a lo tratado debemos hacer un alto en el camino y detenernos en las llamadas esquelas, que son anuncios particulares que los familiares de un fallecido pagan al periódico para que los amigos del difunto, o todo el mundo en general pueda tener conocimiento de su muerte.

La clave para lograr escribir una buena esquela es ser claro, breve, sencillo y respetuoso. La causa que ha provocado el fallecimiento no suele constar, por regla general, en las esquelas sino que es preferible omitirla, pero no obstante puede mencionarse, ya que este escrito se hace conforme a la voluntad de los familiares, o por deseo del ahora difunto, y no hay normas escritas que impidan u obliguen poner o quitar algo.

En definitiva, y resumiendo las palabras de José Antonio de Urbina, una esquela debe reflejar los datos precisos de un modo claro y concreto y sencillo. Además, añade este autor, lo mejor para redactar bien una esquela es fijarse en las ya publicadas en los periódicos y adaptar el modelo que más nos guste a nuestro caso particular.

Veamos ahora el modelo que, según De Urbina, debe presentar una esquela perfecta:

–

EL EXCELENTÍSIMO SEÑOR

DON...
....

GRAN CRUZ DE ISABEL LA CATÓLICA, HERMANO MAYOR

DE LA REAL COFRADÍA DE...

PRESIDENTE DEL GRUPO...

PRESIDENTE DE HONOR DE LA FUNDACIÓN...........................

....
....

Q.E.P.D.

FALLECIÓ,
VÍCTIMA DE.....................
A LOS 69 AÑOS DE EDAD,

EN..............................., EL DÍA 22
DE MARZO DE 1988.
Habiendo recibido los Santos Sacramentos
Y la bendición de Su Santidad.

R.I.P

Su desconsolada esposa, Excma. Sra. Doña ....;

Hijos.., hijos políticos.....................

..

RUEGAN una oración por su alma.

Un funeral por su eterno descanso será oficiado el próximo........

..
....

En la parte superior y precediendo al texto, todas las esquelas vienen introducidas por la imagen de la Santa Cruz. Veamos algunos ejemplos de esquelas:

–

EL SEÑOR

DON ANDRÉS SEPÚLVEDA SOTILLO
(Consejero Delegado de Cementos Calcis, S.A.)

HA FALLECIDO EN HUELVA, EL DÍA 19 DE ENERO DE 2004 DESPUÉS DE RECIBIR LOS SANTOS SACRAMENTOS Y LA BENDICIÓN APOSTÓLICA DE SU SANTIDAD.

D.E.P

Su esposa, hijos y familia

RUEGAN una oración por su alma.

CAPILLA ARDIENTE: Velatorio la Dolorosa, Sala I (Gran Vía, 67, Salamanca)

FUNERAL: Se efectúa hoy martes, día 20, a las once de la mañana en la Iglesia Parroquial de Sancti Spiritus, y acto seguido la conducción del cadáver al Crematorio de Salamanca.

–

EL SEÑOR

DON ANDRÉS SEPÚLVEDA SOTILLO

(Consejero de EDITORA DE MEDIOS ESPAÑOLA, S.A)

HA FALLECIDO EN HUELVA, EL DÍA 19 DE ENERO DE 2004

DESPUÉS DE RECIBIR LOS SANTOS SACRAMENTOS

Y LA BENDICIÓN APOSTÓLICA DE SU SANTIDAD

D.E.P

Todos cuantos realizamos EL INFÓRMATE nos unimos al dolor de su familia

Y rogamos una oración por el eterno descanso de su alma.

–

Mº LUISA TEJERO CARNES
FALLECIDA EL DÍA 12 DE ENERO DE 2004

D.E.P

Sus hijos José David, Luis Vicente y Mº Aurora, sus hijos políticos Carmen y
Beatriz, sus nietos y demás familia.

RUEGAN una oración por su alma

El funeral por su eterno descanso se celebrará, mañana miércoles 21 de enero, a las 20:00, en la Parroquia de San Víctor (c/ Ramón Gómez de la Serna, 101) de Madrid.

Capítulo XIII

Los menús

En la primera definición del Diccionario de la RAE, el menú aparece descrito como: «Conjunto de platos que constituyen una comida»; y es en torno a este significado sobre el que va a girar el desarrollo del presente capítulo. Según De Urbina en su gran *Libro del Protocolo*, esta acepción nos lleva a detenernos, por un lado, en el conocido como menú riguroso; y por otro, en el llamado menú imaginativo. El primero de ellos viene descrito por el autor como: Serio, de sencilla elegancia, que contiene solamente la descripción de la comida y de los vinos. Este tipo de menú, de cartulina rectangular y disposición vertical, a su vez, continúa diciendo José Antonio, puede ser de dos tipos:

1. El que menciona solamente la comida y los vinos, con el escudo logotipo o anagrama personal en la parte superior, y lugar y fecha en la inferior.
2. El que además indica en la parte superior, antes de la descripción de la comida, en honor de quién ésta es ofrecida.

El segundo de los mencionados menús, es decir, el imaginativo, es descrito por el autor como un libro que no tiene más que tapas. En la primera, se puede poner de todo, desde la razón u ofrecimiento de la comida, más o menos adornados, hasta un dibujo numerado si el homenajeado es un artista. Y en la segunda hoja o tapa del libro, la propia descripción de la comida y de los vinos.

Según José Antonio de Urbina, el primero de los menús explicados es el propio de las altas instituciones del Estado, dada su elegancia; mientras que el segundo es el elegido por el resto de las estructuras y ciudadanos del Estado, aunque sin que, por supuesto, se les esté negado el uso del primer tipo.

Antes de pasar a los ejemplos propiamente dichos, pasemos a observar las estructuras típicas para los llamados menús rigurosos e imaginativos. De Urbina, en su libro, plasma las siguientes:

1. Menú riguroso

En primer lugar aparece representado el escudo o anagrama y acto seguido:

Consomé de ave

Blanco Cune

Palacio Real
25 de Marzo 1988

O bien este otro ejemplo encabezado igual que el anterior por el susodicho escudo o anagrama:

Almuerzo en Honor
De sus Excelencias el
Presidente.................
....

Consomé de ave
....
....

Blanco de Cune
....
....

Palacio de la Moncloa
13 de Febrero 1988

2. Menú imaginativo

Por el contrario, el menú imaginativo tiene en la cara principal un dibujo, fotografía o un anagrama seguido de un texto donde se diga algo así como: Banquete en Honor de ....., y debajo Gran Peña. Madrid 15 de Octubre 1989. El texto que explique el motivo del banquete puede ir en la portada o en el interior encabezando el menú, el cual se dispondrá igual que en el primer ejemplo. A continuación mostraremos un tipo de menú muy familiar, ya que es el comúnmente presentado en las bodas o comuniones; en la parte exterior se cita el nombre del restaurante y su ubicación y ya en la parte interna, en la hoja derecha aparecen los nombres de los novios con la fecha de su enlace y el menú del banquete se presenta en la parte izquierda. Es el siguiente:

Crema de melón

Merluza a la Bilbaína

Sorbete de limón al Cava

Medallones de Solomillo al Vino Tinto

Patata Panadera

Pastel Nupcial y Helado
Café, Bombones y Digestivos

Bodega
René Barbier Mediterranean
René Barbier Tinto
Cava Segura Viudas
Licores de Frutas
Aguas Minerales
Whisky Escocés

Capítulo XIV

Breve historia sobre los inicios de Internet

Hoy en día la palabra Internet está tan interiorizada en nuestra vida cotidiana que pasa inadvertida a nuestros oídos; pero si nos detenemos a pensar en sus orígenes, es cuando empiezan a surgirnos las dudas. Por muy insólito que pudiera parecernos, Internet no es el resultado de un esfuerzo individual ni de un periodo de tiempo concreto, sino que es la suma de importantes progresos tecnológicos continuados en los que han intervenido una sucesión de personas especializadas. A decir verdad, Internet surgió gracias al Departamento de Defensa de los Estados Unidos de América sobre los años sesenta. Desde su creación fue desarrollándose paulatinamente hasta que en 1992, con la aparición de la World Wide Web (WWW), experimentó un gran auge que la convirtió en la red de redes.

En el libro *La Biblia de Internet. Explorer 4*, se detallan los procesos más importantes que ha ido experimentando Internet hasta llegar a su actual situación. Son los siguientes:

- En 1969, ARPAnet, una red experimental formada por cuatro computadoras, fue creada por la agencia ARPA (Advanced Research Projects Agency) del Departamento de Defensa de los Estados Unidos de América para que pudieran comunicarse los científicos involucrados en ciertos programas de investigación.
- En 1971, ARPAnet se amplió hasta instalarse en una docena de sitios, incluyendo el Instituto Tecnológico de Massachussets (MIT) y la Universidad de Harvard. En

1974, ARPAnet ya estaba en 64 sitios, y en 1981, en más de 200.

➘ Durante la década de los 80, se conectaron a ARPAnet cada vez más ordenadores que utilizaban diferentes sistemas operativos. En 1983, el área militar de ARPAnet migró a MILnet, y ARPAnet fue oficialmente disuelta en 1990.

➘ Al final de la década de los 80, la Fundación Nacional para las Ciencias (National Science Foundation) formó NSFnet como una red propia, permitiendo el acceso a cualquiera que lo desease. Como siempre, los primeros requerimientos de acceso provinieron de universidades, investigadores y expertos en informática.

➘ En 1992, fue desarrollado el sistema de la WWW y su software correspondiente, y a finales de 1993 se desarrolló Mosaic para Windows, el primer Explorer gráfico para la Web, para sistemas Unís ejecutados bajo el sistema X-Windows y para Apple Macintosh.

➘ En 1994, Netscape Communications desarrolló el explorador Netscape Navigator.

➘ En Diciembre de 1994, Bill Gates ordenó a sus colaboradores de Microsoft un cambio en la política de la empresa para dar más importancia a Internet, y en Agosto de 1995 la compañía sacó a la luz Internet Explorer, un explorador que tenía como finalidad competir con Netscape Navigator por el mercado mundial de los exploradores.

➘ En 1997, Microsoft sacó la versión 4 de Internet Explorer.

Según se nos cuenta en este libro, no hay una determinada persona responsable de Internet sino que esta descomunal red funciona gracias a la coordinación de miles de millones de individuos distribuidos en diversos puntos del planeta.

Internet está regida por la llamada Internet Society, un conjunto de voluntarios encargados de nombrar el Internet Architecture Board (IAB), es decir, un comité destinado a la administración y que se divide, a su vez, en otros dos: El Internet Engineering Task Force (IETF) y el Internet Research Task Force (IRTF9. El primero se centraría en los protocolos y los estándares frente al segundo, cuyo cometido sería el de investigar nuevas tecnologías que permitan a Internet continuar avanzando.

Capítulo XV

La comunicación vía Internet

Internet, la gran red compuesta por millones de usuarios distribuidos en todo el mundo, nos brinda la posibilidad, entre otros muchos servicios, de comunicarnos por medio de mensajes. Estas misivas cibernéticas, pueden estar compuestas únicamente por un texto, o por el contrario pueden aparecer complementadas por información amplia y diversa que se remite de manera adjunta en los llamados archivos. No cabe duda de que el correo electrónico es el recurso más frecuente entre los usuarios de Internet.

Para enviar mensajes de correo electrónico también podemos hacerlo por medio de Word, pero en tal caso sería necesario configurar Outlook, y, para ello, habríamos de seguir los siguientes pasos: Abrir Outlook, seleccionar Herramientas/ Opciones/ Formato de correo y activar así la casilla Usar Micrisoft Word como editor de correo electrónico. Con respecto al envío habrá que escoger el formato HTML que se encontrará en el cuadro de lista de Enviar y, finalmente, le daremos a Aceptar.

Sea como fuere, lo que sí es realmente importante a la hora de enviar un mensaje o e-mail vía Internet es que el receptor del mismo debe estar debidamente explicitado, pero no a la manera tradicional, es decir, con su nombre, apellidos, dirección y código postal, sino que se debe tener un conocimiento previo de la dirección de correo electrónico adoptada por el usuario en cuestión que, grosso modo, vendría a ser: un nombre seleccionado por él arbitrariamente, @, la compañía con la que ha decidido inscribirse a Internet, seguido de un punto más unas siglas específicas que variarán atendiendo a razones diversas y que cada usuario asume a la hora de darse de alta.

Al escribir una carta privada, el hecho de tener en mente al destinatario de la misma implica que podamos prever las sensaciones que el suceso narrado va a despertar en el conocido lector; esto también sucede así cuando se trata de escribir un e-mail para una persona en concreto, pero no así cuando se opta por escribir un e-mail común a todas las direcciones de correo electrónico que poseamos; en este caso, la reacción de los diferentes receptores ante un mismo mensaje serán variadas, es más, ya no es el mensaje el que se adapta a ellos, sino que son ellos los que se amoldan al escrito.

Por otro lado, si lo que se desea es hacer llegar un mensaje a un número ilimitado de personas (conocidas o desconocidas), esto es, difundir masivamente el texto, Internet brinda la posibilidad de adherirse al servicio de *news* o noticias a través del cual el mensaje redactado podrá ser consultado por todos los usuarios que lo deseen, y de ahí la importancia de saber escribir correctamente. Este mensaje deberá encuadrarse dentro de un determinado tema para facilitar a los navegantes su consulta.

Internet, como venimos diciendo, aparte de brindarnos la posibilidad de obtener una amplísima información sobre temas diversos y de ayudarnos a entablar contacto con otros usuarios por medio del correo electrónico, nos ofrece otra vía de comunicación más puntera y novedosa que los e-mails: el *chat*. Lo atrayente de este sistema radicaría principalmente en un hecho puntual que vendría a ser la comunicación entre usuarios en tiempo real. Generalmente ésta se realiza a través de la escritura, puesto que lo que un cibernauta escribe en su ordenador llega a los receptores deseados en el mismo tiempo en el que se está redactando, por lo que se producirá una continuada conversación entre las personas que se encuentren conectadas a Internet en ese momento. Pero la vía oral, por muy insólito que pudiera parecernos, también comienza a abrirse camino en Internet donde gracias a un micrófono conectado a una tarjeta de sonido el emisor puede difundir su mensaje oralmente.

Con respecto a este novísimo sistema de comunicación, establecido gracias a un software y hardware adecuados, hay que añadir que no sólo es posible hablar con el interlocutor o interlocutores que se hallan tras la pantalla de su ordenador, sino que también es posible visualizarlos gracias a una cámara de videoconferencia; sin olvidarnos, por supuesto, de que todos esos usuarios que se hallan conectados en el servicio de recursos IRC pueden, si así lo desean, realizar una serie de aplicaciones de manera conjunta.

En torno a lo comentado anteriormente, cabría citar a modo de curiosidad el Microsoft Chat que es un tipo de programa a partir del cual uno puede entablar una conversación a la manera comentada pero con una peculiaridad que viene recogida en el libro *Los mejores navegadores de Internet* y que dice lo siguiente: (...) «Aunque Microsoft Chat pertenece a este grupo de programas que basan la comunicación entre usuarios por medio del lenguaje escrito, su principal diferencia respecto a los demás programas de IRC radica en que toda la conversación que los usuarios van manteniendo la representa gráficamente en forma de cómic, siendo cada uno de los que participan en la conversación, uno de los personajes que van diseñando estas divertidas tiras».

De esta forma totalmente gráfica, el programa permite expresar sentimientos o emociones a través de los diferentes gestos que puede adoptar cualquiera de los personajes que selecciona el programa, con lo que se puede aumentar el significado que el usuario pretende dar a cada una de sus frases.

Como se puede comprobar las utilidades de Internet son numerosísimas, y aunque aquí estemos haciendo una recapitulación muy superficial, no podemos pasar por alto el llamado Microsoft Net Meeting donde se te permite comunicarte con los usuarios de una conferencia, y es aquí donde gracias a la llamada pizarra, que semejaría al tradicional encerado, puedes añadir o aportar, con respecto a lo que se esté comentando, todo aquello que desees e inmediatamente, tus opiniones serán percibidas en las pizarras del resto de los usuarios.

Tanto el emisor como el receptor que mantienen una consulta a través de Internet, pueden presentar las mismas características que dos personas que opten por el envío de cartas tradicional, aunque con una diferencia sustancial: el mensaje emitido llegará a su destino pocos segundos después de haber sido enviado, lo que podría suponer bien una ventaja (siempre que tengamos en cuenta la rápida transmisión del mensaje), bien un inconveniente (si es que el rápido envío fuera la consecuencia de una redacción presurosa y despreocupada). Este último aspecto estaría muy en relación con los mensajes enviados a través de los teléfonos móviles donde, al estar limitado el número de caracteres, los mensajes son más directos pero propician que los usuarios omitan gran multitud de letras dentro de las palabras, lo que ocasiona una desvirtualización total del idioma o incluso una completa incomprensión del mensaje. Este aspecto que a simple vista podría parecernos algo trivial, es más importante de lo que aparenta; sobre todo si tenemos en cuenta que los niños, hábiles receptores de las nuevas tecnologías, son fundamentalmente usuarios habituales de este medio de comunicación en el que símbolos tales como: xo, ksa, bn, xq, y así hasta miles de ellos se emplean en lugar de las palabras; pero, casa, ven y porque.

Observemos a continuación algunos mensajes escritos con móviles y tratemos de sacar a partir de ellos algunas características comunes:

Q PASA XAVAL? SY FELIPE DESDE EL MV DE MI PADR!! STY DESTROZADO Y CON MIL MOVIDAS. EN QANTO TNGA PLAS T LLAMO XQ SIGUES SIEND MI COLEGA Y SIEMPRE LO SERAS. CNT A MI MV. AKI NO.

(¿Qué pasa chaval? ¡Soy Felipe desde el móvil de mi padre! Estoy destrozado y con mil movidas; en cuanto tenga pelas te llamo porque sigues siendo mi colega y siempre lo serás. Contesta a mi móvil, aquí no).

Este primer mensaje ha sido enviado por un adolescente a un amigo suyo; a simple vista parece un poco escaso en información pero analizándolo detenidamente no sólo podremos encuadrarlo en un contexto adecuado sino que además nos permitirá deducir otra serie de datos aparentemente ocultos. En primer lugar, del mensaje se desprende que el emisor está envuelto en una serie de problemas que pretende ocultar a su padre y de ahí la petición de que no le respondan al móvil desde el que está enviando el mensaje; en segundo lugar, el muchacho se encuentra sin dinero pero parece que está ideando algo para conseguirlo; y en último término, interpretamos que el chico ha tenido algún conflicto con su amigo pero que ya ha sido superado, pues parece querer decir que las circunstancias no les impedirán continuar con la amistad que se une.

TU AMOR LLEGA HASTA LO MAS PROFUNDO DE MI ALMA, KISIERA TENERTE SIEMPRE ASI, TAN PERFECTO, TAN ESPECIAL, LLEGASTE QANDO MENOS KERIA UN NOVIO Y CN TODA TU TERNURA AS CONKISTADO MI CORAZON.

(Tu amor llega hasta lo más profundo de mi alma, quisiera tenerte siempre así, tan perfecto, tan especial. Llegaste cuando menos quería un novio y con toda tu ternura has conquistado mi corazón).

Ni que decir tiene que este mensaje es una clara declaración de amor de una joven a su pareja. Pocas líneas han bastado para que la chica abra su corazón de una forma tan sencilla y directa. Poco hay que interpretar en este mensaje, pues los sentimientos que se tratan de expresar hablan en las pocas palabras escritas. Ella está locamente enamorada y quiere que ese amor se conserve siempre fresco y apasionado como si el tiempo no pasara. Tan sólo deja margen para intuir que ella lo ha pasado mal en una relación anterior y esa circunstancia la había hecho que se cerrara al amor, hasta que él se coló en su vida sin llamar cuando no pensaba ni quería hablar de parejas.

QTAL TU? AYER NO YAMAST EH PILLIN! OY T VIENS A KOMER CN NOSOTROS EH! CONTESTA. UN ABRAZO.

(¿Qué tal tu? Ayer no llamaste, eh...¡PILLÍN! Hoy te vienes a comer con nosotros ¡eh! Contesta. Un abrazo).

En el tercer mensaje un amigo escribe a otro para proponerle que coman juntos; al reprocharle que ayer no llamó, adivinamos que el receptor había quedado en llamar a su amigo y no lo hizo, o bien, que tienen la costumbre de hablar todos los días y ayer pasó por alto esa rutina.

OLA GUAPA,Q TAL? HEMOS QDADO N KSA D LUCIA A LS 8, BNS?

(Hola, guapa, ¿qué tal? Hemos quedado a las 8:00 en casa de Lucía, ¿vienes?)

De este cuarto y último mensaje podemos intuir que varios amigos se van a dar cita en casa de una chica a las ocho de la tarde, el motivo de tal reunión lo ignoramos, lo que está claro es que es otra persona y no Lucía la que invita al receptor del mensaje a la casa de aquella, luego probablemente emisor y receptor sean muy buenos amigos dentro del supuesto grupo, así mismo, el hecho de que pregunte si va a ir puede ser, bien porque intuye que puede estar ocupado, o bien porque quizá el plan no le parezca demasiado apetecible.

Una vez examinados los cuatro mensajes, observamos que un factor común a todos ellos es la ausencia de acentos, por lo que el significado de ciertas palabras que, por ejemplo deberían llevar tilde diacrítica, ha de ser deducido del contexto. Esta falta de acentuación en las palabras se debe a que los teléfonos móviles no están todavía dotados de un sistema que permita acentuar correctamente, con la tilde propia de nuestro idioma, las palabras ni de un detector de errores como sucede también cuando escribimos e-mails en el ordenador.

Otra característica común de los mensajes es la falta de mayúsculas al inicio de una oración o después de un punto y seguido o aparte, ya que los usuarios, por regla general, tienden a escribir todo el texto en mayúsculas o, por el contrario, en minúsculas pero nunca alternando ambas correctamente; y esto se debe a un intento por ahorrar tiempo. Las comas y demás signos de puntuación brillan por su ausencia, dando como resultado un texto escrito sin pausas que el lector debe fraccionar mentalmente. De igual manera, los signos de exclamación o interrogación suelen ir al final de la frase como sucede en la lengua inglesa o francesa y no al inicio y al final de cada oración como es propio del castellano.

Con respecto a las abreviaturas, parte de la explicación la encontramos en la Fonética, que es la rama de la lingüística que se interesa por el lenguaje articulado y cuyas unidades propias son los sonidos y grupos de sonidos. Así, por ejemplo, al fonema /k/ le corresponderían las letras c, k, qu, luego el fonema se sustituye por la letra y si queremos poner cosa pondremos kosa, si por el contrario pretendemos escribir casa plasmaremos ksa, en este último caso la letra a no se escribe debido a que la sílaba ca suena igual que la letra k, por lo que puede ser fácilmente deducida, queso por keso, kuesta por cuesta, o kiero por quiero, aunque en ocasiones la palabra que viene representada por su abreviatura q: qdamos en vez de quedamos.

La letra h como no tiene sonido no se representa, y las vocales cuyo sonido puede desprenderse de su unión con ciertas consonantes se omiten: n en vez de en o cn en lugar de con.

Cuando una palabra tiene sonido b, aunque se escriba con v prima su fonema frente a la grafía: bn en lugar de ven.

La palabra por se sustituye por una x, esto podría deberse a la influencia de las matemáticas que utilizan este símbolo en las multiplicaciones. Pero la letra x no sólo se reemplaza por la preposición por, sino que también sustituye a ciertas agrupaciones de palabras tales como par y per, las cuales, seguidas de una a o de una o significarán para y pero: xa, xo.

En definitiva, podemos concluir diciendo que los mensajes escritos en los móviles tienden a economizar el lenguaje y por ello cualquier supresión de letras fácilmente deducible está permitida; con respecto al lenguaje está muy cerca del coloquial pues se escribe sin pararse a pensar demasiado cómo redactar el texto sino que éste es fluido y espontáneo a la vez que muy directo, no hay espacio para andarse con rodeos.

El que fue director de la Real Academia Española de la Lengua, Fernando Lázaro Carreter, se apresuró a comentar este creciente uso indebido del lenguaje. Una muestra de ello es la reflejada en uno de los artículos publicado en su libro *El nuevo dardo en la palabra*, y que tiene por título *Escritura electrónica* del cual hemos querido reflejar un breve párrafo para dejar constancia de la opinión que frente a este tema tenía este gran filólogo:

«El estudio adultera a muchos tontos su memez ingénita. Abundan los bobos cuyo desarrollo ha sido entorpecido por los libros, pero sin debilitarlo mucho. Algunos, incluso, tienen fama de doctos, aunque tarde o temprano, y a veces con frecuencia, asoman la patita. Eso no va a ocurrir en un futuro próximo, pues se está produciendo una regresión del lenguaje, la cual, lejos de enmascarar la necedad ingénita, va a potenciarla. Muy pronto tendremos tontos inalterados, puros, como de manantial. Y los habrá también reciclados, restituidos a su condición en cuanto se adapten a la posmodernidad cuyo ariete es Internet».

En este libro, Lázaro Carreter reflexiona, con un personalísimo sentido del humor y una mordaz ironía, en torno a los errores que vertemos sobre nuestra lengua, tanto en el plano léxico como en el sintáctico y nos alerta de la continua penetración de vocablos que, en ocasiones, podrían llegar a interrumpir la comunicación entre los hispanohablantes atreviéndose incluso a predecir, ante la anemia idiomática existente, la creación de una lengua totalmente nueva llamada guirigay cuyas características serían un lenguaje oscuro y difícil de entender.

Para el académico es precisamente en la escuela donde los niños deben estudiar las claves que les permitan conocer y realizar un buen uso de la lengua, y es en ese mismo lugar donde deben aprender a dudar, pues la duda se correspondería con la aparición de una conciencia crítica.

Pese a todo, creo que debemos salir a favor de la carta electrónica e incluso de los mensajes a través de los teléfonos móviles, siempre que estos últimos se configuren haciendo un correcto uso del español, ya que han propiciado un crecimiento masivo de la lengua escrita; es decir, hace algunos años, el que un joven se escribiera casi diariamente con un amigo era algo prácticamente impensable, pero hoy día, gracias a los avances tecnológicos, las personas se conectan a Internet con gran frecuencia y pasan horas chateando con sus amigos, lo que ha supuesto un resurgir para el género epistolar.

Bibliografía

ÁLVAREZ HERNÁNDEZ, DICTINIO. *Cartas de Rubén Darío.* (Epistolario inédito del poeta con sus amigos). Editorial Taurus. Madrid, 1963.

AMORÓS, ANDRÉS. *Antología de la literatura española.* Siglo XVIII. Castalia. Madrid, 1999.

Correspondencia (1920-1983) Pedro Salinas/ Gerardo Diego/ Jorge Guillén. Editorial Pre-textos. Valencia, 1996.

DE URBINA, JOSÉ ANTONIO. *El gran libro del protocolo.* Ediciones Temas de Hoy. Madrid, 2001.

Diccionario Ideológico de la Lengua Española. Editorial Gustavo Gili, S.A. (2° edición, 11° tirada) Barcelona, 1982.

Enciclopedia de la mujer. Volumen I. Editorial Vergara. Barcelona, 1968.

EZQUERRA, MANUEL. *Manual de redacción y estilo.* Ediciones Istmo. Madrid, 1999.

FERNÁNDEZ DE NAVARRETE, M. *Viajes de Cristóbal Colón. Viajes Clásicos.* Editorial Espasa Calpe. Madrid, 1999.

FERNÁNDEZ DE NAVARRETE, M. *Viajes de Américo Vespucio. Viajes Clásicos.* Editorial Espasa Calpe. Madrid, 1999.

La Biblia de Internet. Explorer 4. Anaya. Madrid, 1998.

LÁINEZ, MIGUEL. *Selectividad Lengua. Orientaciones para las pruebas de 1994.* Anaya. Madrid, 1994.

LÁZARO CARRETER, FERNANDO. *El nuevo dardo en la palabra.* Aguilar. Madrid, 2003.

LÁZARO CARRETER, FERNANDO. (ROSA LLUPART, JOAQUÍN MINDÁN, EDUARDO GIMENO). *Lengua castellana y literatura 4. Secundaria.* Editorial Anaya. Madrid, 2003.

Los mejores navegadores de Internet. Explorer 4, Netscape 4, Ópera 3. Ediciones Abeto. Madrid, 1998.

MARTÍ, JOSÉ. *Obras Completas 20. Epistolario.* Editorial Nacional de Cuba. La Habana, 1965.

MARTÍNEZ ALBERTOS, JOSÉ LUIS. *Curso general de redacción periodística.* Editorial Paraninfo. Madrid, 1992.

REAL ACADEMIA ESPAÑOLA DE LA LENGUA. *Esbozo de una nueva gramática de la lengua española.* Espasa Calpe. Madrid, 1996.

REYES, GRACIELA. *Manual de redacción. Cómo escribir bien en español.* Arco libros. Madrid, 1998.

RILKE, RAINER MARÍA. *Cartas a un joven poeta.* Alianza Editorial. Madrid, 1996.

SÁNCHEZ-BRAVO CENJOR, ANTONIO. *Manual de estructura de la información.* Editorial Centro de Estudios Ramón Areces. Madrid, 1992.

SÉNECA, LUCIO ANNEO. *Cartas a Lucilio.* Prólogo, traducción directa del latín y notas por Vicente lópez Soto. Editorial Juventud. Barcelona, 1982.

SUÑOL SEMPERE, MARÍA LUISA. *Cómo ser secretaria de dirección.* Ediciones Ceac. Barcelona, 1985.

WILLETT, EDWARD; CROWDER, DAVID; CROWDER, RHONDA. *El libro de Office 2000.* Editorial Anaya multimedia. Madrid, 1999.